修身贤文

李中生 李铭建 吴吉煌 编著

·广州·

版权所有　翻印必究

图书在版编目（CIP）数据

修身贤文/李中生，李铭建，吴吉煌编著. —广州：中山大学出版社，2015.3
　ISBN 978-7-306-05189-9

　Ⅰ. ①修… Ⅱ. ①李… ②李… ③吴… Ⅲ. ①国学—青年读物 Ⅳ. ①Z126-49

中国版本图书馆 CIP 数据核字（2015）第 027058 号

Xiushen Xianwen

出 版 人：徐　劲
策划编辑：嵇春霞
责任编辑：嵇春霞
封面设计：曾　斌
责任校对：刘学谦
责任技编：何雅涛
出版发行：中山大学出版社
电　　话：编辑部 020-84111996，84113349，84111997，84110779
　　　　　发行部 020-84111998，84111981，84111160
地　　址：广州市新港西路 135 号
邮　　编：510275　　传　真：020-84036565
网　　址：http://www.zsup.com.cn
　　　　　E-mail: zdcbs@mail.sysu.edu.cn
印 刷 者：广东省农垦总局印刷厂
规　　格：880mm×1230mm　1/32　5.125 印张　111 千字
版次印次：2015 年 3 月第 1 版　2017 年 9 月第 4 次印刷
定　　价：16.00 元

如发现本书因印装质量影响阅读，请与出版社发行部联系调换

编写说明

以儒家、道家、法家等为代表的先秦诸子文献,是中国传统文化的精神源头,也是中国古代文化的精华所在,影响了中国几千年历史的发展,塑造了中华民族的文化品格。

在经济全球化、世界多极化、科技现代化的时代背景下,中华优秀传统文化仍有它独特的价值。为了让大家更好地了解传统文化,借助往圣先贤的教诲,提升和完善个人的文化素养与精神品格,我们从儒家的《论语》《礼记》《孟子》《荀子》、道家的《老子》、法家的《韩非子》等经典文献中选取体现优秀传统文化、切合个人品德修养的文段,编成《修身贤文》一书,为广大传统文化的学习者和爱好者提供理解、体味中国优秀传统文化的阅读选本。

本书主要着眼于个人品德的修养,选取现代社会中仍可作为立身、待人、处世准则的精华文段。注释和译文力求准确简洁、平易流畅，品读力求精当，并具有现实性和时代感，以帮助读者更好地把握先贤名言的内涵，反思自身的修养历练。

本书《礼记》《荀子》部分由李中生编注，《老子》《孟子》《韩非子》部分由李铭建编注，《论语》部分由吴吉煌编注。编注过程中力求体例统一和注解精准，不足之处诚望广大读者批评指正。

目 录

《论语》贤文 ……… 1

《礼记》贤文 …… 67

《孟子》贤文 …… 101

《荀子》贤文 …… 119

《老子》贤文 …… 133

《韩非子》贤文 … 149

《论语》贤文

子①曰:"学而时②习之,不亦说③乎?有朋自远方来,不亦乐乎?人不知而不愠,不亦君子④乎?"(《学而》)

【注释】

①子:古代对老师或他人的尊称。《论语》中"子"大多指孔子。

②时:按时。

③说(yuè):后来写作"悦",高兴。

④君子:这里指有德行的人。

【译文】

孔子说:"'学了'然后能够按时练习它,不也是令人高兴的吗?有志同道合的人从远方来,不也是快乐的吗?别人不了解,自己却不怨恨,不也是君子吗?"

【品读】

学习中能够体会到三种快乐:按时加以练习、温故而知新的快乐,与志同道合的朋友互相砥砺、切磋共进的快乐,提高和完善自我的快乐。学习应该注意方法和方式,学习的目的在于完善自我、提高个人修养,而不是为了获得别人的称扬。

曾子①曰:"吾日三②省③吾身——为人谋而不忠乎?与朋友交而不信乎?传④不习乎?"(《学而》)

【注释】

①曾子:孔子弟子。姓曾名参,字子舆。鲁国人,小孔子46岁。

②三:多次。

③省(xǐng):反省。

④传(chuán):老师传授的知识。

【译文】

曾参说:"我每天多次反省自己:替别人出谋划策是否尽心竭力了?和朋友交往是否真诚了?老师传授的知识是否反复练习了?"

【品读】

曾参的三省是他对自己在为人谋划、与人交往、学习师说方面的自我要求,或者说是追求的目标——忠诚、信实、继承。时常从这些方面自我反省,能够及时发现过失并加以改正,使自己不断完善,成为品行高尚的人。

子曰:"弟子①入则孝,出则悌②,谨③而信,泛爱众而亲仁,行有余力,则以学文④。"(《学而》)

【注释】

①弟子:为人弟与为人子的人,后生晚辈。
②悌(tì):敬爱兄长。
③谨:恭谨,谨慎。
④文:各类文献。

【译文】

孔子说:"后生晚辈,在家孝顺父母,出门敬爱兄长,寡言少语,讲求诚信,博爱大众,亲近有仁德的人。这样躬行实践之后,有剩余的力量,就可以学习各类文献了。"

【品读】

后生晚辈应该在孝悌、谨信、博爱方面努力践行,并且亲近有仁德的人,促进德行的进步。德行方面的修习和实践比文献典籍的学习更为重要。学习过程中不可本末倒置,舍本逐末。

子曰:"君子不重则不威,学则不固①。主②忠信。无③友不如己者。过④则勿惮⑤改。"(《学而》)

【注释】

①固:固陋。

②主：以……为主。

③无：毋，不要。

④过：犯错。

⑤惮：害怕。

【译文】

孔子说："君子不庄重就没有威严，多学习就不会固陋。应当以忠、信这两种品德为主。不要跟不如自己的人交朋友。有了过错，不要害怕改正。"

【品读】

庄重威严、好学多闻、忠诚信实、勇于改过，这是君子所应该具备的基本品质。孔子鼓励人们与贤于自己的人交朋友，让自己有更好的榜样和更高的追求。见贤思齐，奋发向上，以提高自身的德行和技艺。对于不如自己的人，也要给予热心的帮助，使他获得进步和发展。

子曰："君子食无求饱，居无求安，敏①于事而慎于言，就②有道而正③焉，可谓好学也已。"（《学而》）

【注释】

①敏：敏捷。

②就：靠近，接近。

③正：匡正。

【译文】

孔子说："君子对于吃喝不要求饱足，居住不要求安逸，对待工作勤劳敏捷，说话却小心谨慎，接近有贤德的人，从他那里匡正自己，这样就可以称得上是好学了。"

【品读】

不追求吃、住等物质方面的优越条件，把精力放在勤勉做事、谨慎言谈上，并且借助有道德的贤人引导、匡正自己，这是好学、善学的表现。

子贡①问曰："贫而无谄②，富而无骄，何如？"子曰："可也。未若贫而乐道，富而好礼者也。"子贡曰："《诗》云：'如切如磋，如琢如磨。'其斯之谓与？"子曰："赐也，始可与言《诗》已矣！告诸③往④而知来⑤者。"（《学而》）

【注释】

①子贡：孔子弟子。复姓端木，名赐，字子贡。卫国人，小孔子31岁。

②谄（chǎn）：谄媚。

③诸：之，这里指代子贡。

④往：过去的事，已知的事。

⑤来：未来的事，未知的事。

【译文】

子贡问："贫穷却不谄媚，富裕却不骄傲，怎么样？"孔子说："可以。不过，还比不上贫穷却乐于道，富足却好礼。"子贡说："《诗经》上说：'要像对待骨、角、象牙、玉石一样，反复地打磨治理。'说的就是这种道理吧？"孔子说:"赐呀,现在可以跟你讨论《诗经》了!告诉你一件事,你能够举一反三到另一件事。"

【品读】

贫穷时不为小利而谄媚人,富贵时不骄慢待人,这还不是最高的境界。孔子所推崇的是贫穷时能够乐心追求高尚德行,富贵时还能够好礼、学礼、守礼。在德行的修习上,不能仅仅满足于小善,应该追求更高的境界。

子曰:"不患人之不己知①,患不知人也。"
(《学而》)

【注释】

①不己知:即"不知己"。

【译文】

孔子说:"不担心别人不了解自己,只担心自己不了解别人。"

【品读】

应该通过增进个人能力和完善自我品德来使大家了解、认可和肯定自己。在希望被人了解和受人肯定的同时,更应该从相反的角度反省自己是否也真正地了解他人。这也可以说是一种将心比心的换位思考。它与孔子所讲"己欲立而立人,己欲达而达人"(《论语·雍也》)的"恕"的主张是共通的。

孟武伯①问孝。子曰:"父母唯其②疾之忧。"(《为政》)

【注释】

①孟武伯:孟懿子的儿子。姓仲孙,名彘。"武"是谥号。

②其:代词。指代孝子。

【译文】

孟武伯(向孔子)请教(如何尽)孝道。孔子说:"做父母的,只为孝子的疾病发愁。"

【品读】

《礼记》讲孝敬父母有三个层次:最大的孝顺是使父母受到尊敬,其次是不让自己的行为辱没了父母的名声,最基本的一个层次是尽赡养的义务。(《礼记·祭义》:"曾子曰:'孝有三:大孝尊亲,其次弗辱,其下能养。'")身体上的疾病是人力所难以避免的。父母只为子女的疾病担忧,言外之意,除了疾病之外,子女在德行等方面不要让父母感到担忧,不要让父母因为自己德行有所欠缺而蒙受羞耻。这大概就是《礼记》中所说的孝的第二个层次"弗辱"。

子游①问孝。子曰:"今之孝者,是谓能养。至于犬马,皆能有养,不敬,何以别乎?"(《为政》)

【注释】

①子游:孔子弟子。姓言,名偃,字子游。吴国人,小

孔子45岁。

【译文】

　　子游（向孔子）请教孝道。孔子说："现在所谓的孝道，据说就是能够赡养父母就行了。可是狗和马都能够得到饲养，如果不心存敬意，（养活父母和养狗养马）又怎样分别呢？"

【品读】

　　对父母的孝顺不能仅仅止于赡养，更应该有发自内心的敬意。孟子讲："食而弗爱，豕交之也；爱而不敬，兽畜之也。"（《孟子·尽心上》）如果只是养活父母而不知道关爱他们、尊敬他们，那就和饲养家禽野兽没有分别了。子女不一定能给父母优裕的物质条件，关爱和尊敬父母则是每个人都力所能及的。

　　子夏①问孝。子曰："色②难。有事，弟子服③其劳；有酒食，先生馔④。曾⑤是以为孝乎？"
（《为政》）

【注释】

　　①子夏：孔子弟子。姓卜，名商，字子夏。卫国人，小孔子44岁。

　　②色：侍奉父母时有愉悦的脸色。

　　③服：从事，担当。

　　④馔（zhuàn）：吃喝。

　　⑤曾（zēng）：难道。

【译文】

孟武伯（向孔子）请教（如何尽）孝道。孔子说:"子女在父母面前经常保持和颜悦色是件难事。有事情，年轻人出力效劳；有酒菜，长辈吃喝。难道认为仅仅这样就算是孝了吗？"

【品读】

对父母的孝顺不能只看重物质上的满足和经济上的赡养，更重要的是要在与父母相处的过程中时时怀有对父母的敬意和关爱。

子曰："视其所以①，观其所由②，察其所安③。人焉④廋⑤哉？人焉廋哉？"（《为政》）

【注释】

①以：为，做。
②由：方式，方法。
③安：目的，内心的追求。
④焉：在哪里。
⑤廋（sōu）：隐藏，藏匿。

【译文】

孔子说："看他在做些什么，观察他所采用的方式方法，考察他内心追求什么。这个人怎么能够隐藏得住呢？这个人怎么能够隐藏得住呢？"

【品读】

考察一个人不仅要看他的所作所为，而且要深入细致地考察他做事的方式方法，甚至他做事的动机和目的。通过由表及里、由外而内的全面考察，才能够真正了解和认识一个人。

子曰："君子不器①。"（《为政》）

【注释】

①器：有一定用途的器皿。

【译文】

孔子说："君子不是只具有某种用途的器皿。"

【品读】

器物各有各的功能，其用处是有限的。君子不应该只是具备某种功用的"器"，而应该知识广博、多才多艺，能够适应各种不同的工作。从学习的角度讲，不仅仅要专精，更要广博。

子贡问君子。子曰："先行其言，而后从之。"（《为政》）

【译文】

子贡问怎样才能成为君子。孔子说："先去践行自己想说的话，然后再把话说出来。"

【品读】

君子应该先行后言。不能只说空话、大话,不付诸实际行动,无法兑现自己的诺言。

子曰:"君子周①而不比②,小人比而不周。"
(《为政》)

【注释】

①周:用道义来团结人。

②比:因利益相互勾结。

【译文】

孔子说:"君子团结而不勾结,小人勾结而不团结。"

【品读】

君子和小人在处理人际关系上有不同的态度:为共同道义而团结济事是君子所为,为了个人私利而拉帮结派是小人之行。

子曰:"学而不思则罔①,思而不学则殆②。"
(《为政》)

【注释】

①罔:通"惘",茫然无知。

②殆:疑惑。

【译文】

孔子说:"光学习而不思考,就会迷惘无知;光思考而不学习,就会迷惑不解。"

【品读】

学习和思考相辅相成、不可或缺。古人讲尽信书不如无书,光是读书学习,自己不加思考,这是不可取的。反之,一味凭空思考,而不去读书学习,想法再好也只是空中楼阁。

子张①学干禄②。子曰:"多闻阙③疑,慎言其余,则寡尤④;多见阙殆⑤,慎行其余,则寡悔。言寡尤,行寡悔,禄在其中矣。"(《为政》)

【注释】

①子张:孔子弟子。姓颛孙,名师,字子张。陈国人,小孔子48岁。

②干禄:求取俸禄。

③阙(quē):空缺,保留。

④尤:过失。

⑤殆:疑惑。

【译文】

子张请教求取官职俸禄的方法。孔子说:"多听,有怀疑的地方加以保留,其余有信心的部分,谨慎地表达,就能减少过错。多看,有疑惑的地方加以保留,其余有把握的部分,谨慎地实行,就能减少懊悔。言谈很少过错,行为很少懊悔，官职俸禄就不难获得了。"

【品读】

　　工作中要多听、多看，谨慎地对待听到和见到的事情，这样才能减少错误，让自己少懊悔，才能做好自己的工作。

　　子曰："人而无信，不知其可也。大车①无輗②，小车③无軏④，其何以行之哉？"（《为政》）

【注释】

　　①大车：牛车。
　　②輗（ní）：牛车车辕与驾辕的横木相衔接的活销。
　　③小车：马车。
　　④軏（yuè）：马车车辕与驾辕的横木相衔接的活销。

【译文】

　　孔子说："人如果不讲信用，不知道那怎么可以。（就好比）牛车没有輗这个活销，马车没有軏这个活销，车子还怎么拉着走呢？"

【品读】

　　车无輗軏不能前行，人无诚信无法立身。诚信是人最基本的品德要求。人如果没有了诚信，就不能成为一个真正的人。

子曰:"里①仁②为美,择不处③仁,焉得知④?"(《里仁》)

【注释】

①里:居住。

②仁:这里指仁者,有仁德的人。

③处(chǔ):居住。

④知:后来写作"智",聪明。

【译文】

孔子说:"居住的地方要有仁者才算好。选择住处不挑有仁者的地方,怎么算得上是聪明呢?"

【品读】

"仁"是儒家思想的核心。实践"仁"有不同的途径和方法。其中很重要的一个方面就是要与仁者为伍,向仁者学习。人的品性本来是相近的,由于后天的习染不同,最终会相差很远。(子曰:"性相近,习相远。")孟子讲:"近朱者赤,近墨者黑。"(《孟子·滕文公下》)生活的环境和交往的朋友会影响人的品德习性。孔子强调与仁者为邻,要交三种对自己有益的朋友("友直,友谅,友多闻"),就是为了通过这些益友来帮助自己更好地实践仁("以友辅仁"),让有仁德的人来匡正自己的品行("就有道而正焉")。

子曰:"富与贵,是人之所欲也。不以其道得之,不处也。贫与贱,是人之所恶①也。不以其道得之,不去也。君子去仁,恶②乎成名?君

子无终食③之间违仁,造次④必于是,颠沛⑤必于是。"(《里仁》)

【注释】

①恶(wù):厌恶,厌弃。

②恶(wū):怎么,怎样。

③终食:吃一顿饭。

④造次:仓促急迫。

⑤颠沛:颠沛流离。

【译文】

孔子说:"富有和显贵,这是人们所盼望的。不用正确的方法得到它,君子是不会接受的。贫穷和卑贱,这是人们所厌恶的。不用正确的方法抛弃它,就无法抛弃。君子抛弃了仁德,怎样成就美名呢?君子没有一时半刻违背仁德,即便在仓促匆忙的时候也一定怀有仁德,在颠沛流离中也一定怀有仁德。"

【品读】

追求富贵、厌弃贫贱,这是人之常情。每个人需要思考的是,自己所得的富贵是不是因为自己奉行仁德而获得的,不义之财和不仁之贵是君子所不屑获取的。处于贫贱,不能一味地怨天尤人。孔子强调在贫贱之中仍然要坚守仁德,不能为了摆脱贫贱而违背仁德胡作非为。富贵或贫贱不是考量君子的标准,只有仁德才能成就君子的美名。无论在什么时候,在什么地方,君子都应该心怀仁德,勉励践行。

子曰:"士志于道,而耻①恶衣恶食者,未足与议也。"(《里仁》)

【注释】

①耻:以……为羞耻。

【译文】

孔子说:"读书人有志于真理,却又以穿粗布衣、吃粗茶淡饭为羞耻,这种人,不值得和他讨论(真理)。"

【品读】

孟子讲:"饱食、暖衣、逸居而无教,则近于禽兽。"(《孟子·滕文公上》)人如果只追求满足物质生活的享受,没有道德的教化和修养,那就和禽兽没有区别。有志之士不能过度在意衣着、饮食等物质生活条件,应该以真理作为自己更高的追求目标。《荀子·修身》:"君子役物,小人役于物。"我们应该做欲望的主人,不要沦为物欲的奴隶。

子曰:"君子怀德,小人怀土;君子怀刑①,小人怀惠。"(《里仁》)

【注释】

①刑:法度。

【译文】

孔子说:"君子怀念道德,小人怀念乡土;君子关心法度,小人关心恩惠。"

【品读】

在君子的心中,道德和法度是行为的准则;对于小人来说,生活的物质条件和各种恩惠才是他们最在意的。为人处世应以道德和法度为重,不能为了求利得惠而违背道德、触犯法律。

子曰:"不患无位,患所以立;不患莫己知,求为可知也。"(《里仁》)

【译文】

孔子说:"不担心没有职位,担心的是怎样才能确立自己的职位;不担心没有人了解自己,要追求能让别人了解自己的本领。"

【品读】

从自我做起,通过提高自己的德行和能力来获得领导的重用和他人的认可。

子曰:"君子喻①于义,小人喻于利。"(《里仁》)

【注释】

①喻:明白,知晓。

【译文】

孔子说:"君子明白道义,小人只知道利益。"

【品读】

当道义和利益发生冲突时,是坚守道义放弃利益,还是背弃道义追求利益,这是辨别君子与小人的试金石。

子曰:"见贤思齐焉,见不贤而内自省也。"(《里仁》)

【译文】

孔子说:"看见有贤德的人就应该想着向他看齐;看见不贤的人,就应该在心里自我反省。"

【品读】

以贤者为榜样,以不贤者为借鉴。"三人行必有我师焉,择其善者而从之,其不善者而改之。"(《论语·述而》)说的大概都是一个道理。一方面向好的榜样学习,另一方面要以不好的方面作为借鉴,警醒自己。

子曰:"君子欲讷①于言,而敏于行。"(《里仁》)

【注释】

①讷(nè):言语迟钝。

【译文】

孔子说:"君子希望言语迟钝而行动敏捷。"

【品读】

少说话，慢开口，勤动手，多干事。

子曰："德不孤，必有邻。"(《里仁》)

【译文】

孔子说："追求仁德的人不会孤单，一定会有（志同道合的）伙伴。"

【品读】

在践行仁德的道路上一定会有志同道合的人。仁德作为一种美好的理想，一定会有许多人去追求它，去实践它。

宰予①昼寝。子曰："朽木不可雕也，粪土之墙不可杇②也，于予与何诛③？"子曰："始吾于人也，听其言而信其行；今吾于人也，听其言而观其行。于予与改是。"(《公冶长》)

【注释】

①宰予：孔子弟子。姓宰，名予，字子我。鲁国人。

②杇（wū）：涂抹，粉刷。

③诛：责备。

【译文】

宰予大白天睡觉。孔子说："腐朽的木头不可以用来雕刻，粪土砌成的墙不能粉刷。对于宰予，又能责备他什么呢？"孔子又说："最初，我对于别人，听到他说的话就相信他的行为；现在，我对于别人，听了他说的话，还要观察他的行为。这是经历了宰予这件事情之后我改变的做法。"

【品读】

大白天睡觉，在"学而不厌，诲人不倦"的孔子看来本就不应该。而能说会道、擅长论辩的宰予还为自己偷懒的行为辩解，找借口。孔子反对这种"文过饰非"的行为，批评他无可救药。通过这件事情，孔子也总结了经验教训：不要被一个人的言语所迷惑，要通过他的所作所为来深入地认识他。

子谓子产①："君子之道四焉：其行己也恭，其事上也敬，其养民也惠，其使民也义。"（《公冶长》）

【注释】

①子产：郑国大臣。姓姬，名侨，字子产。郑穆公之孙，又称公孙侨。

【译文】

孔子评价子产说："他有四种行为合乎君子的品德：他自己的行为恭谨，他对待国君认真负责，他养护人民广施恩惠，他差使百姓合乎道义。"

【品读】

严格地要求自己，正确地对待他人。对待日常事务，保持恭敬心，认真负责。对上级、同事和下属能够把握分寸，处理得宜。这是君子所应该具有的基本品质。

子曰:"巧言、令色、足恭,左丘明①耻之,丘亦耻之。匿怨而友其人,左丘明耻之,丘亦耻之。"(《公冶长》)

【注释】

①左丘明:姓左,名丘明。与相传为《左传》《国语》作者的左丘明(《史记》:"左丘失明,厥有《国语》。")并非同一人。

【译文】

孔子说:"花言巧语、装模作样、十足恭顺,左丘明认为这些行为可耻,我也认为可耻。把怨恨隐藏在心里,表面上却装作和他很要好,左丘明认为这种行为可耻,我也认为可耻。"

【品读】

光会花言巧语讨人欢心,擅长见风使舵,这样的人虚伪、不真诚,更谈不上有仁德。("巧言令色,鲜矣仁。")在和别人交往的过程中,口蜜腹剑更是可耻的行为。心里满肚子的怨恨,表面上却装得亲切和善,这种心口不一的人是孔子所不齿的。待人接物应该真诚,做到表里如一。

颜渊①、季路②侍③。子曰:"盍④各言尔志?"子路曰:"愿车马衣轻裘,与朋友共,敝⑤之而无

憾。"颜渊曰:"愿无伐⑥善,无施⑦劳。"子路曰:"愿闻子之志!"子曰:"老者安之,朋友信之,少者怀之。"(《公冶长》)

【注释】

①颜渊:孔子弟子。姓颜,名回,字子渊。鲁国人,小孔子30岁。

②季路:孔子弟子。名仲由,字子路,又字季路。鲁国人,小孔子9岁。

③侍:陪从或伺候尊长。

④盍(hé):何不。

⑤敝:使动用法,使……坏。

⑥伐:自我夸耀。

⑦施:表白,宣扬。

【译文】

(孔子坐着,)颜渊、季路站在孔子身边。孔子说:"何不各自说说自己的志向?"子路说:"我愿意把自己的车马衣服和朋友共同使用,用坏了也没有什么遗憾。"颜渊说:"我希望不夸耀自己的优点,不宣扬自己的功劳。"子路对孔子说:"希望听听您的志向。"孔子说:"(我的志向是,)年老的人使他们安逸,朋友使他们信任我,年轻人使他们怀念我。"

【品读】

每个人都有自己的志向和追求,体现了不同的价值观。子路重义轻财,颜回谦逊无私,孔子的志向则显现了他对于长者、朋友和年轻人的仁爱之心。他们的志向都不局限于追求个人的安逸享受和功成名就，而是把自己的人生追求定位于与他人分享财富、共享成功，在助人利人、无私奉献中实现人生价值。

哀公①问："弟子孰为好学？"孔子对曰："有颜回者好学，不迁怒，不贰过。"(《雍也》)

【注释】

①哀公：鲁哀公，公元前494—前468年在位。姓姬，名蒋。

【译文】

鲁哀公问："学生中，哪个好学？"孔子回答说："有个叫颜回的学生好学，不拿别人出气，不再犯同样的错误。"

【品读】

事情出现问题后，不是马上追究别人的过错，归罪他人，把怨气撒在别人身上，而是多从自己身上找原因，先自我反思，找出自身的问题和责任，这就是"不迁怒"。勇于自我反省，不怨天不尤人（"躬自厚而薄责于人"）的态度能够更好地完善自己，提高自己。找出自己的过错，及时地吸取教训，纠正错误，避免重复再犯。"吃一堑长一智"，自己的过错也就越来越少了。

冉求①曰："非不说②子之道，力不足也。"子曰："力不足者，中道③而废④。今女⑤画⑥。"

(《雍也》)

【注释】

①冉求：孔子弟子。姓冉，名求，字子有。鲁国人，小孔子29岁。

②说（yuè）：后来写作"悦"，喜欢。

③中道：半路。

④废：停止。

⑤女（rǔ）：你。后来写作"汝"。

⑥画：停止。

【译文】

冉求说："不是我不喜欢您的学说，是我力量不够。"孔子说："如果真是力量不够，走到半道就再也走不动了。现在你却没有开步走。"

【品读】

每个人都有修习仁德的力量，关键在于心里是否真的追求仁德。践行仁德要从自己做起，从力所能及的小事做起。"勿以善小而不为，勿以恶小而为之。"最重要的还在于能够持之以恒。"学如逆水行舟，不进则退。"凡事不能还未尽力尝试就先打退堂鼓。

子曰："质①胜文②则野③，文胜质则史④，文质彬彬⑤，然后君子。"（《雍也》）

【注释】

①质：朴实笃厚。

②文：文采，文饰，指礼乐的修养。
③野：粗野。
④史：虚浮。
⑤文质彬彬：既文雅又朴实的样子。

【译文】

孔子说："朴实多于文采，就难免粗野；文采多于朴实，又难免虚浮。文采和朴实，搭配得当，这样才是个君子。"

【品读】

君子的修养包括内外两个方面。内在是本质，要有仁义，讲忠信；外在是修饰，要守仪礼，有文化。既要有良好的个人品质，也要有优雅的言谈举止，二者缺一不可，偏重任何一方面都是"过犹不及"。只有文质兼修才能成为德才兼备的君子。

子曰："知之者不如好之者，好之者不如乐之者。"(《雍也》)

【译文】

孔子说："（对于任何学问）懂得它的人不如喜爱它的人，喜爱它的人又不如以它为乐的人。"

【品读】

学习的乐趣不仅仅在于了解各种知识，更在于追求知识的过程中发自内心的喜爱和自己所感受到的快乐。兴趣是最好的老师。学习的最大动力来自于对所学内容的喜爱和兴趣。

子曰:"君子博学于文,约之以礼,亦可以弗畔①矣夫。(《雍也》)

【注释】

①畔:通"叛",背弃。

【译文】

孔子说:"君子广泛地学习文献,再用礼节加以约束,也就可以不离经叛道了。"

【品读】

若只注重知识和文化的学习而不按照道德、礼仪和法度的要求来约束自己,那么知识就很可能成为伤人的利器。

(子曰:)"夫仁者,己欲立而立人,己欲达而达人。能近取譬,可谓仁之方也已。"(《雍也》)

【译文】

(孔子说:)"仁是什么呢?自己要站得住,同时也要使别人站得住;自己要事事行得通,同时也要使别人事事行得通。能够从自己的感受出发为别人着想,可以说是实践仁德的方法了。"

【品读】

仁者爱人。仁强调将心比心的换位思考。人同此心,心同此理,凡事能够推己及人、设身处地地多为他人着想,才能做到"己所不欲,勿施于人""己欲立而立人,己欲达而达人"。

子曰:"德之不修,学之不讲①,闻义不能徙,不善不能改,是吾忧也。"(《述而》)

【注释】

①讲:反复练习。

【译文】

孔子说:"品德不加修养,学问不反复练习,听到道义在那里,却不能亲身赴之,不好的行为不能改正,这都是我所忧虑的呀。"

【品读】

每个人都有自己的忧虑,有的人忧的是每日的柴米油盐,有的人忧的是不能很快地飞黄腾达。孔子所忧虑的则是自己在德行、学问、仁义和行为上的欠缺。这些方面也是我们每个人都应该时时反思自省的。

子曰:"志于道,据于德,依于仁,游于艺①。"(《述而》)

【注释】

①艺:指礼、乐、射、御、书、数六艺。

【译文】

孔子说:"志向在'道',据守在'德',依靠在'仁',游乐在'六艺'。"

【品读】

有崇高的信仰,遵循道德的标准,践行仁爱,注重文化的修养,这样才能成就文质彬彬的君子。

子曰:"饭①疏食②、饮水③,曲肱④而枕⑤之,乐亦在其中矣。不义而富且贵,于我如浮云。"
(《述而》)

【注释】

①饭:吃。

②疏食:粗糙的食物。

③水:古代与"汤(烧过的热水)"相对,指没有烧过的冷水。

④肱(gōng):胳膊。

⑤枕:用……做枕头。

【译文】

孔子说:"吃粗糙的饭食,喝冷水,弯起胳膊当枕头,快乐也就在这里头了。干不符合道义的事而得来的富贵,在我看来就如同浮云。"

【品读】

人生的快乐不一定需要锦衣玉食、豪宅名车。很多人为了富贵利禄,阿谀奉承,投机钻营,以权谋私。由此得来的富贵,不值得炫耀,也难以让人获得真正的快乐。

子不语怪、力①、乱、神。(《述而》)

【注释】

①力：这里指凭借勇力为非作歹。

【译文】

孔子不谈论怪异、勇力、叛乱和鬼神。

【品读】

孔子对于虚幻无据的鬼神和违背常理的怪事不传播、不宣扬。同时他还主张"敬鬼神而远之"，一方面告诉我们不要迷信鬼神，另一方面又要我们对未知的事物怀有敬畏之心。至于不谈论勇力，《孟子·公孙丑上》的一段话可以作为诠释："以力假仁者霸，霸必有大国。以德行仁者王，王不待大。……以力服人者，非心服也，力不赡（赡：足够）也；以德服人者，中心悦而诚服也。"

子曰："三人行，必有我师焉。择其善者而从之，其不善者而改之。"(《述而》)

【译文】

孔子说："几个人同行，其中必定有我的老师。选择那些好的加以学习，那些不好的加以改正。"

【品读】

要善于以他人为师，发现别人的优点，反观自己的不足；学习别人的长处，改进自己的缺点。

子以四教：文、行、忠、信。(《述而》)

【译文】

孔子教学生四个方面的学问：历代文献、社会实践、对别人的忠心、与人交往的诚信。

【品读】

教育不仅要传授历史文献，更要培养学生的品德修养。从学习的角度讲，既要读万卷书，也要行万里路，把知和行结合起来。

子钓而不纲①，弋②不射宿③。(《述而》)

【注释】

①纲：本指网上的大绳。这里指整张网。
②弋：用系有丝绳的箭去射。
③宿：这里指歇宿在巢里的鸟。

【译文】

孔子钓鱼而不用张网的方法捕鱼，用带丝绳的箭射鸟，而不射杀留宿在巢里的鸟儿。

【品读】

古人渔猎时不"竭泽而渔"（抽干池水以捕尽池鱼），不"焚林而畋"（烧毁树林以猎取野兽），为的是让水中的鱼类和林中的野兽能够生息繁衍。这与孔子"钓而不纲，弋不射宿"是同一个道理，他们深知不能只顾眼前利益，而不顾长远利益。古人已经用可持续发展的眼光来看问题，注意人和自然的和谐发展。

子曰:"君子坦荡荡,小人长戚戚。"(《述而》)

【译文】

孔子说:"君子心胸宽广坦荡,小人经常局促忧愁。"

【品读】

心胸宽广坦荡,包容大度,光明磊落,自然不忧不惧;凡事斤斤计较,患得患失,难以得到真快乐。

子温而厉,威而不猛,恭而安。(《述而》)

【译文】

孔子温和而严厉,有威严却不凶猛,谦恭而随和。

【品读】

待人接物要把握分寸,态度神情要恰到好处。

子曰:"恭而无礼则劳,慎而无礼则葸①,勇而无礼则乱,直而无礼则绞②。君子笃③于亲,则民兴于仁;故旧不遗,则民不偷④。"(《泰伯》)

【注释】

①葸(xǐ):害怕,畏惧。

②绞（jiǎo）：尖刻刺人。

③笃：厚。

④偷：（人情）淡薄。

【译文】

孔子说："容貌恭敬却不知礼，难免辛苦劳倦；小心谨慎却不知礼，难免畏惧胆怯；勇猛果敢却不知礼，就会盲动闯祸；心直口快却不知礼，就会尖刻伤人。在上位的人对亲族有深厚的情感，老百姓就会走向仁德；不遗弃老同事、老朋友，百姓的感情就不会淡薄。"

【品读】

礼是人的行为准则，它用来节制人的情感。如果不遵循礼，没有了礼的规范，人的行为就会失去限度，走向极端，出现孔子所说的辛劳、胆怯、盲动、尖刻等种种毛病。

曾子曰："士不可以不弘毅①，任重而道远。仁以为己任，不亦重乎？死而后已，不亦远乎？"
（《泰伯》）

【注释】

①弘毅：宽宏坚毅。

【译文】

曾子说："读书人不可以不宽宏而坚毅，因为他责任重大且路途遥远。把实现仁德于天下作为自己的责任，不也是重大的吗？到死方休，不也是遥远的吗？"

【品读】

　　君子把实现仁德作为毕生奋斗的目标。"路漫漫其修远兮",实践仁德要有坚定的意志,要用尽自己毕生的精力。

　　子曰:"兴于《诗》,立于礼,成于乐。"
(《泰伯》)

【译文】

　　孔子说:"通过学习《诗》来使自己振奋,通过学习礼立足于社会,通过学习音乐来完成个人的修养。"

【品读】

　　读《诗》有助于抒发情感,学礼才能了解与人相处的准则,通过音乐可以协调人的情感、陶冶人的性情。《诗》、礼、乐是一个人修养的三种进阶。

　　子绝①四——毋意②,毋必,毋固③,毋我。
(《子罕》)

【注释】

　　①绝:杜绝。
　　②意:臆测。
　　③固:固执。

【译文】

　　孔子杜绝四种行为——不凭空揣测,不绝对肯定,不固执拘泥,不唯我独是。

【品读】

　　实事求是,客观辩证,灵活变通,虚怀若谷,这是克治"意、必、固、我"的良方。

　　子曰:"三军①可夺帅也,匹夫不可夺志也。"(《子罕》)

【注释】

　　①三军:古代军队分左、中、右三军,以中军为主力。这里指国家的军队。

【译文】

　　孔子说:"国家的军队可以失去统帅,但一个男子汉却不能强迫他放弃自己的志向。"

【品读】

　　坚持真理,坚守正道,面对死亡不畏惧,面对困难不退缩,面对迫害不屈服。这是仁人志士所应具有的尊严和意志。为了正义,要做"蒸不烂、煮不熟、捶不扁、炒不爆、响当当"的"铜豌豆"。

　　子曰:"衣①敝②缊③袍,与衣狐貉④者立,而不耻者,其由⑤也与?"(《子罕》)

【注释】

　　①衣:用作动词,穿。

②敝：破烂。
③缊（yùn）：丝棉。
④狐貉（hé）：这里指用狐狸、貉的皮做成的毛裘。
⑤由：孔子弟子仲由，字子路。

【译文】

孔子说："穿着破烂的丝棉袍子和穿着狐貉皮裘的人站在一起却不觉得羞耻的，恐怕只有仲由吧！"

【品读】

子路身穿破旧的袍子和穿狐裘大衣的人站在一起丝毫不感到羞耻，因为他有更高远的志向，不嫉妒也不贪求优越的物质生活。颜回身处陋巷之中，过着穷困清苦的生活，却丝毫没有影响他好学的乐趣。这是"贫贱不能移"的自得其乐。[子曰："贤哉回也，一箪食，一瓢饮，在陋巷，人不堪其忧，回也不改其乐。贤哉回也。"（《论语·雍也》）]孔子说"君子谋道不谋食""忧道不忧贫"（《论语·卫灵公》），"士志于道，而耻恶衣恶食者，未足与议也"（《论语·里仁》）。真正的士人、君子，追求的绝不是锦衣玉食，而是高远的仁德。

子曰："岁寒，然后知松柏之后雕①也。"（《子罕》）

【注释】

①雕：通"凋"，凋零。

【译文】

孔子说："天气寒冷，才知道松树柏树是最后才凋零的。"

【品读】

只有经历各种考验才能更加清楚地显现出事物的本质。松柏经冬不凋的品格在寒冷的冬天里才会反映出来。唐太宗《赠萧瑀》诗:"疾风知劲草,板荡识诚臣。"俗话说:"路遥知马力,日久见人心。"说的都是同一个道理。

颜渊问仁。子曰:"克己复礼为仁。一日克己复礼,天下归仁焉。为仁由己,而由人乎哉?"颜渊曰:"请问其目。"子曰:"非礼勿视,非礼勿听,非礼勿言,非礼勿动。"颜渊曰:"回虽不敏,请①事斯语矣。"(《颜渊》)

【注释】

①请:敬辞,表示自己愿意做某件事而请求对方允许。

【译文】

颜渊问什么是仁德。孔子说:"克制自己,使言语行为都合乎礼,就是仁。一旦这样做了,天下的人都会称许你是仁人了。实践仁德,靠的是自己,难道还要靠他人吗?"颜渊说:"请问奉行仁德的基本要点。"孔子说:"不合礼的事不看,不合礼的话不听,不合礼的话不说,不合礼的事不做。"颜回说:"我颜回虽然不够聪敏,请允许我践行您说的这些话。"

【品读】

仁是儒家思想的核心,也是人的德行修养的最高境界。

儒家给出了修习仁德的方式和方法。如"仁者，人也，亲亲为大"，孝是"仁之本"；如"己欲立而立人，己欲达而达人"，恕是"仁之方"。这里讲"克己复礼"，把"礼"作为修习仁德的辅助。"仁"作为儒家伦理的内在精神实质，需要通过"礼"这一外在行为规范来加以约束并得以体现。因此，孔子提出了"非礼勿视，非礼勿听，非礼勿言，非礼勿动"，即人的言行举止皆以"礼"为准则的践行方式。

司马牛①问君子。子曰："君子不忧不惧。"曰："不忧不惧，斯谓之君子已乎？"子曰："内省不疚，夫何忧何惧？"（《颜渊》）

【注释】

①司马牛：孔子弟子。复姓司马，名耕，字子牛。宋国人。

【译文】

司马牛问怎样才能算是君子。孔子说："君子不忧愁，不畏惧。"司马牛说："不忧愁，不畏惧，这样就可以称得上是君子了吗？"孔子说："内心自我反省而不愧疚，那还担忧什么、畏惧什么呢？"

【品读】

《礼记·大学》："毋自欺。"强调时刻提醒自己，尤其是在独处的时候，不要做出有违道德礼法的事情（"君子必慎其独"）。司马光说："自少至老，语未尝妄。自言：吾无过人者，但平生所为，未尝有不可对人言者耳。"（《宋史·

司马光列传》）不做亏心事，问心无愧，自然也就无所畏惧。

　　司马牛忧曰："人皆有兄弟，我独亡①。"子夏曰："商②闻之矣：死生有命，富贵在天。君子敬而无失，与人恭而有礼。四海之内，皆兄弟也。君子何患乎无兄弟也？"（《颜渊》）

【注释】

　　①亡：无，没有。
　　②商：卜商，字子夏。子夏在回答司马牛时自称名，表谦逊。

【译文】

　　司马牛忧愁地说："别人都有兄弟，单单我没有。"子夏说："我听说过：死和生由命运主宰，富和贵由上天安排。君子心怀敬意就没有过失，和别人交往恭谨而有礼节。那么，天下之大，到处都是兄弟。君子怎么会担心没有兄弟呢？"

【品读】

　　俗语讲："在家靠父母，出门靠朋友。"如何才能有相扶互助、情同手足的朋友呢？子夏提出要"敬而无失""恭而有礼"。与人交往的过程中，应该谦敬谨慎，对待朋友要真诚有礼。如此方能"海内存知己，天涯若比邻"。

子曰:"君子成人之美,不成人之恶。小人反是。"(《颜渊》)

【译文】

孔子说:"君子成全别人的好事,不促成别人的坏事。小人恰恰相反。"

【品读】

《礼记·坊记》:"君子贵人贱己,先人而后己。"凡事先为他人着想,这是君子所应具有的品格。当然,这也不是说任何事情都要成全他人。只有符合道义的好事,君子才去帮助和成全别人;对于那些不合道义的坏事,君子是不会"助纣为虐"的。小人的所作所为则往往与此相悖。

季康子①问政于孔子曰:"如杀无道,以就有道,何如?"孔子对曰:"子为政,焉用杀?子欲善而民善矣。君子之德风,小人之德草。草上之②风,必偃③。"(《颜渊》)

【注释】

①季康子:鲁国上卿,季桓子(季孙斯)的儿子季孙肥。"康"是谥号。

②之:往,到。

③偃(yǎn):倒伏。

【译文】

季康子向孔子请教怎样治理政事,说:"如果杀掉没有道义的坏人，亲近有道义的好人，怎么样？"孔子回答说："您治理政事，哪里用得着杀戮呢？您追求善行，百姓也就会向善。领导的德行就好比风，百姓的德行就像草。草上来了风，必定会顺着风的方向倒。"

【品读】

　　严酷的刑罚虽然是治理乱世、恢复社会稳定的重要手段，但无法维持社会的长治久安。它只是为政的"治标"之策，不能"治本"。要真正实现太平盛世，不能仅仅依靠法制，而首先要注重德教。在"法治"之外，更要强调"德治"。

　　子贡问友。子曰："忠告而善道之，不可则止，毋自辱焉。"（《颜渊》）

【译文】

　　子贡问对待朋友的方法。孔子说："忠诚地劝告他，好好地引导他，他不听从，也就罢了，不要自找侮辱。"

【品读】

　　有的人听到赞誉便诚惶诚恐地反省自己是否确有其行，并更加恳切地践行美好的品德，听到批评便能欣然接受并努力改过。而有的人承受不起批评，一心追求虚假的名誉。《孝经》讲："士有争（争：通"诤"，直言规劝）友，则身不离于令名（令名：美好的声誉）。"这是说，拥有敢于批评自己错误的朋友，会让自己长久地拥有美好的声誉。"良药苦口利于病，忠言逆耳利于行"的道理，应该铭记在心。

要珍惜给予我们忠告的朋友,虚心地对待朋友的批评。

曾子曰:"君子以文会友,以友辅仁。"(《颜渊》)

【译文】

曾子说:"君子通过文章学问来会聚朋友,通过朋友来帮助自己培养仁德。"

【品读】

《礼记·学记》认为:"独学而无友,则孤陋而寡闻。"古人注重交友,强调通过朋友之间相互的切磋琢磨、取长补短来促进自身学识和修养的提升。孟子也说:"一乡之善士,斯友一乡之善士;一国之善士,斯友一国之善士;天下之善士,斯友天下之善士。以友天下之善士为未足,又尚论古之人。"(《孟子·万章下》)以益友为师,从向身边的朋友学习,到广交天下之善士,再到通过读书与古人为友,随着心胸、视野的开阔和益友的增多,我们的学识、修养和境界也会逐步提升。

子曰:"其身正,不令而行;其身不正,虽令不从。"(《子路》)

【译文】

孔子说:"统治者自身品行端正,即使不发出命令,(下属)也知道应该怎么做;自身不端正,即使三令五申,(下属）也不会听从。"

【品读】

　　行动上的表率比言语上的苛责更有效。"君子求诸己，小人求诸人。"(《论语·卫灵公》) 从严格要求自己做起，以身作则，自然上行下效。

　　子夏为莒父①宰，问政。子曰："无欲速，无见小利。欲速，则不达；见小利，则大事不成。"(《子路》)

【注释】

　　①莒（jǔ）父：地名，鲁国的属邑。

【译文】

　　子夏做了莒父的主管，询问怎样治理政事。孔子说："不要图快，不要顾小利。图快，反而不能达到目的；顾小利，就办不成大事。"

【品读】

　　做事不能急于求成，要有耐心，肯付出才能有收获。不贪图眼前小利，不计较一时得失，有大局意识才能成就大事业。正所谓"风物长宜放眼量"，切不可因小失大。

　　樊迟问仁。子曰："居处恭，执事敬，与人忠。虽之夷狄，不可弃也。"(《子路》)

【译文】

樊迟询问什么是仁德。孔子说:"平常行为谦恭,做事情严肃认真,对别人尽心诚意。这几种品德,哪怕是到蛮夷之邦,也不能废弃。"

【品读】

修习仁德,应该从日常行为、工作态度、与人交往等方面入手。

子贡问曰:"何如斯可谓之士矣?"子曰:"行己有耻,使于四方,不辱君命,可谓士矣。"曰:"敢问其次。"曰:"宗族称孝焉,乡党称弟焉。"曰:"敢问其次。"曰:"言必信,行必果,硁硁然小人哉!——抑亦可以为次矣。"(《子路》)

【译文】

子贡问:"怎样才能称得上是'士'呢?"孔子说:"对自己的行为怀有羞耻之心,出使外国,不使君王的命令蒙羞,可以叫作'士'了。"子贡又问:"请问次一等的士怎样。"孔子说:"宗族称赞他孝顺父母,乡里称赞他尊敬兄长。"子贡又问:"请问再次一等的士怎样。"孔子说:"说出去的话一定要兑现,行动总是坚决果敢,这是不问是非黑白而只管贯彻自己言行的小人呀!——但大概也可以说是再次一等的'士'了。"

【品读】

"言而有信"(《论语·学而》)是中华民族的传统美德。

在对别人做出承诺的时候,要考虑事情是否符合法律的规定,是否符合道德的要求,不能轻易地给别人承诺。所谓"重然诺,轻生死",对于符合道义、对社会有贡献的承诺而言,是舍生取义的表现;而如果是不合时宜、不符情理的诺言,履行起来只会让自己白白做出牺牲,甚至危害社会。所以,孔子在这里认为"言必信,行必果"的,只是浅薄固执的小人。正确的态度是既要"重然诺""言而有信",更要"勿轻诺"。老子讲:"夫轻诺必寡信。"(《老子》)孔子也说:"口惠而实不至,怨灾及其身。是故君子与其有诺责也,宁有已怨。"(《礼记·表记》)轻率的承诺会让自己缺少信誉,而那些实现不了的诺言有时会给自己招来怨责。所以,君子与其因为违背诺言而招致责难,不如干脆不轻易地给别人承诺。

子曰:"不得中行而与之,必也狂①狷②乎!狂者进取,狷者有所不为也。"(《子路》)

【注释】

①狂:狂放激进。
②狷(juàn):洁身自守。

【译文】

孔子说:"在得不到言行合乎中庸的人和他交往的情况下,如果一定要选,那就选狂放激进和洁身自守的人吧。狂放激进的人进取,洁身自守的人有选择地做事。"

【品读】

进取就是"有所必为",是一种不畏人言、排除万难的率性而为。"有所不为"是不屈强权、秉持正义的风骨节操。孔子推崇行为合乎中庸之道的"中行",也欣赏狂者和狷者。因为狂者勇于进取,狷者坚守底线。

子曰:"君子和而不同,小人同而不和。"(《子路》)

【译文】

孔子说:"君子协调分歧,而不强求一致;小人强求一致,而不协调分歧。"

【品读】

"和"强调和谐融洽,"同"则注重消除差异。"和"是不同的两个方面相辅相成,相互包容;"同"则强求异口同声,用一种意见压制另一种意见。《国语·郑语》说:"和实生物,同则不继。"从自然界的角度看,和谐能够促进事物的生长;而同一则破坏了物种的多样性,不利于事物的发展。从社会关系的角度看,和谐是"求同存异",有利于社会发展;而同一则是专制集权,束缚社会进步。

子贡问曰:"乡人皆好之,何如?"子曰:"未可也。""乡人皆恶之,何如?"子曰:"未可也;不如乡人之善者好之,其不善者恶之。"(《子路》)

【译文】

子贡问道:"满乡村的人都喜欢他,这个人怎么样?"孔子说:"不行。""满乡村的人都厌恶他,这个人怎么样?"孔子说:"也不行。应该是满乡村的好人都喜欢他,满乡村的坏人都厌恶他。"

【品读】

一个受所有人欢迎、讨所有人喜欢的人并不一定是"好人"。谁都不得罪,谁都想讨好,也就没有了自己的道德操守。生活中不要做老好人,不要想着让所有的人都喜欢你,不与没有德行的恶人"同流合污",违背道义的事要"有所不为"。一个人招惹所有人反对,这更有问题。虽然凡事要坚持道义,坚持原则,但也不能四处树敌。世上好人比坏人多得多。一个人有缺点,但不妨碍他是一个好人,所以要学会宽容人,与人为善。

子曰:"士而怀①居②,不足以为士矣。"(《宪问》)

【注释】

①怀:留恋。
②居:安居。

【译文】

孔子说:"读书人如果留恋安逸,就不配称作读书人了。"

【品读】

古人讲:"书中自有千钟粟,书中自有黄金屋,书中自有颜如玉。"这是用荣华富贵劝勉世人读书向学。但真正的读书人,不能只为稻粱谋,只贪图物质的享受。宋人张载立志"为天地立心,为生民立命,为往圣继绝学,为万世开太平"。志存高远、胸怀天下、心系苍生才称得上是天下士。

子曰:"有德者必有言,有言者不必有德。仁者必有勇,勇者不必有仁。"(《宪问》)

【译文】

孔子说:"有德行的人一定有(好的)言辞,有(好的)言辞的人不一定有德行。仁人必定有勇气,勇敢的人不一定有仁德。"

【品读】

言语和行为只是外在表现,道德和仁心才是内在基础。要透过外在看本质,不要被夸夸其谈的花言巧语和貌似勇敢的行为举止所迷惑。

子曰:"贫而无怨难,富而无骄易。"(《宪问》)

【译文】

孔子说:"贫穷却不埋怨是很难的,富贵而不骄傲则容易做到。"

【品读】

孔子认为"贫而乐道,富而好礼",要好过"贫而无谄,富而无骄"(《论语·学而》)。富贵后能够谦恭待人不难，难的是贫穷时不怨天不尤人。荀子说："自知者不怨人，知命者不怨天。怨人者穷，怨天者无志。失之己，反之人，岂不迂乎哉。"正确地认识自我，体认天命，不要怨天尤人。不汲汲于富贵，安贫守分，循理修身，才能获得内心的安乐。

子曰："其言之不怍①，则为之也难。"（《宪问》）

【注释】

①怍（zuò）：惭愧，羞愧。

【译文】

孔子说："那个人大言不惭，他做起事来也就难成。"

【品读】

说易行难、夸夸其谈的人，往往不会考虑到所说的事情是否能够实现；不讲言出必行的信用，自然也就不知道羞愧了。对于言和行的关系，孔子主张"敏于事而慎于言"（《论语·学而》），就是强调少说空话多做实事。

子曰："古之学者为己，今之学者为人。"（《宪问》）

【译文】

孔子说："古代求学的人是为了修养自己的学问道德，现在求学的人是为了别人（能任用自己）。"

【品读】

　　学习是为了增进见识、明白事理,提高和完善自己的道德品行,不是为了炫耀才识渊博,也不是为了追逐富贵名利。要在学习中体会自我完善的快乐,不要把学习当作满足物欲的工具。

　　或曰:"以德报怨,何如?"子曰:"何以报德?以直报怨,以德报德。"(《宪问》)

【译文】

　　有人说:"用恩德来回报怨恨,怎么样?"孔子说:"那用什么来回报恩德呢?用公平正直来回报怨恨,用恩德报答恩德。"

【品读】

　　"以怨报怨",无助于问题的解决,也不利于人际关系的和谐。《尚书大传》说:"人家骂你的时候,不要怨叹;别人往你身上吐口水的时候,不要急着擦干。"俗语也说,"打不还手,骂不还口"。主张在受到无礼对待时忍耐、退让、包容。当然,忍耐不意味着纵容,大度不意味没有限度。在这里,孔子不赞成老子的"以德报怨",他的忍让是有原则的。

　　子曰:"可与言而不与之言,失人;不可与言而与之言,失言。知者不失人,亦不失言。"

(《卫灵公》)

【译文】

孔子说:"可以跟他说,却不说,这就错过人才。不可以跟他说却说了,这是言语上的过失。聪明的人既不错过人才,也不会有言语上的过失。"

【品读】

《论语·雍也》:"子曰:'中人以上,可以语上也;中人以下,不可以语上也。'"(中等水平以上的人,可以告诉他高深学问;中等水平以下的人,不可以告诉他高深学问。)《说苑·杂言》:"非其地而树之,不生也;非其人而语之,弗听也。得其人,如聚沙而雨之;非其人,如聚聋而鼓之。"可见,说话要分场合、看对象、讲技巧。与志同道合的朋友真诚交流,知无不言,言无不尽。道不同,不相为谋,多言无益,言多必失。

子曰:"志士仁人,无求生以害仁,有杀身以成仁。"(《卫灵公》)

【译文】

孔子说:"有志向、仁德的人,不会为了生存而损害仁德,却勇于牺牲自身来成全仁德。"

【品读】

生命的价值不是用长度和名利来衡量的。儒家认为,人生可以通过立言(著书立说)、立功(建立伟大的功绩)、立德(树立崇高的品德)三种方式达到不朽。"无求生以害仁，有杀身以成仁。"在面对个人安危和天下公义的取舍抉择时，不苟且偷生，不委曲求全，要勇于杀身成仁，舍生取义，才能成就人生真正的不朽。

子贡问为仁。子曰："工欲善其事，必先利其器。居是邦也，事其大夫之贤者，友其士之仁者。"（《卫灵公》）

【译文】

子贡问怎样培养仁德。孔子说："工匠想要做好工作，一定先要使自己的工具锋利。居住在这个国家，要效力于大夫中的有贤德的人，要和那些有仁德的人交朋友。"

【品读】

辅助有仁德的人，和有仁德的人交朋友，是修习仁德的两个重要途径。物以类聚，人以群分。和有仁德的人一起共事、交往，自然有助于自己德行的提高。

子曰："人无远虑，必有近忧。"（《卫灵公》）

【译文】

孔子说："一个人没有长远的考虑，一定会有眼前的忧患。"

【品读】

《左传》中强调："居安思危，思则有备，有备无患。"

鱼儿在锅里游动,燕子把巢搭在帷幕上,都只能安乐一时。等到锅里的水烧开、帷幕被撤走的时候,灾难也就降临了。因此,不贪图眼前安乐,预先考虑到可能会出现的灾难并提前做好准备,才能保证长久的安宁。"螳螂捕蝉,黄雀在后"的故事说的也是这个道理。

子曰:"君子义以为质,礼以行之,孙①以出之,信以成之。君子哉!"(《卫灵公》)

【注释】

①孙(xùn):通"逊",谦逊,谦让。

【译文】

孔子说:"君子把道义作为基本品质,用礼仪来履行它,用谦逊的言语表达出来,用诚信的态度完成它。(这真是)君子啊!"

【品读】

"义"是品德的根本,"礼"是行为的约束,"逊"是处世的态度,"信"是待人的原则。四者兼具,才能称为君子。

子曰:"君子矜而不争,群而不党。"(《卫灵公》)

【译文】

孔子说:"君子矜持而不争执,合群而不结党营私。"

【品读】

不为私利拉帮结派，要为公义同心协力。

子曰："君子不以言举人，不以人废言。"
（《卫灵公》）

【译文】

孔子说："君子不会因为言辞（好）就举荐他，也不会因为他是坏人而废弃他（好）的言论。"

【品读】

能说会道与品德好坏不能混为一谈。不要被言辞迷惑，光凭花言巧语就肯定一个人。也不要因为品德恶劣而完全否定一个人其他方面的才能。不能"见人一善，忘其百非"，也不能"见人一非，忘其百善"。

子曰："巧言乱德。小不忍①，则乱大谋。"
（《卫灵公》）

【注释】

①忍：容忍。

【译文】

孔子说："花言巧语会败坏道德。小的方面不忍耐，就会影响大的谋划。"

【品读】

　　花言巧语往往不顾是非，颠倒黑白，这与德行的修习背道而驰。考虑问题眼光狭隘，缺少大局观，往往难以成就大事业。

　　子曰："众恶之，必察焉；众好之，必察焉。"（《卫灵公》）

【译文】

　　孔子说："大家都厌恶他，（自己）一定要加以审察；大家都喜欢他，（自己）也一定要加以审察。"

【品读】

　　每个人都有自己的立场和视角，评价他人难免带有主观性。考察一个人的善恶，不能光听别人的评价，要仔细加以审察，才能了解客观事实。

　　子曰："过而不改，是谓过矣。"（《卫灵公》）

【译文】

　　孔子说："有过错而不改正，那就真叫过错了。"

【品读】

　　"金无足赤，人无完人"，人生在世难免犯错。"过而能改，善莫大焉"（《左传·宣公二年》），应该有改过自新的勇气。如果千方百计加以掩饰隐瞒（"文过饰非"），反而会增加新的过错。

子曰:"吾尝终日不食,终夜不寝,以思,无益,不如学也。"(《卫灵公》)

【译文】

孔子说:"我曾经整天不吃整夜不睡地思考,没有什么益处,不如去学习。"

【品读】

思考和学习相辅相成,不可偏废。

孔子曰:"益者三友,损者三友。友直,友谅①,友多闻,益矣。友便辟②,友善柔③,友便佞④,损矣。"(《季氏》)

【注释】

①谅:诚信。

②便(pián)辟:逢迎谄媚。

③善柔:阿谀奉承。

④便(pián)佞:花言巧语,阿谀奉承。

【译文】

孔子说:"有益的朋友有三种,有害的朋友有三种。同正直的人交朋友,和诚信的人交朋友,和见闻广博的人交朋友,就有益了。同逢迎谄媚的人交朋友,和阿谀奉承的人交朋友，和花言巧语的人交朋友，就有害了。"

【品读】

　　古代对学童的考核中包括"七年视论学取友"（《礼记·学记》）一项，即在入学满七年后考察学生讨论学问的能力以及择友的情况。孔子在《论语》中告诫我们，要交三种"益友"，不交三种"损友"。隋代王通《中说》："君子先择而后交，小人先交而后择。故君子寡尤（尤：过错），小人多怨（怨：责怪，埋怨）。"也强调在交友时候要所有选择。

　　孔子曰："侍于君子有三愆①：言未及之而言谓之躁，言及之而不言谓之隐，未见颜色而言谓之瞽②。"（《季氏》）

【注释】

　　①愆（qiān）：过失。

　　②瞽（gǔ）：瞎子，盲人。

【译文】

　　孔子说："陪着君子说话容易犯三种过失：（君子）还没有说到就抢先说叫作急躁，（君子）说到了却反而不说叫作隐瞒，（君子）还没有显现神色就贸然地说叫作瞎眼。"

【品读】

　　说话要分场合、看对象、讲技巧。

孔子曰:"君子有三戒:少之时,血气未定,戒之在色;及其壮也,血气方刚,戒之在斗;及其老也,血气既衰,戒之在得。"(《季氏》)

【译文】

孔子说:"君子有三件事情应该警惕:年轻的时候,血气还没有稳定,应该警惕(贪恋)女色;等到壮年的时候,血气正旺盛,应该警惕争胜好斗;等到年老的时候,血气已经衰弱,应该警惕贪得无厌。"

【品读】

了解自己在不同人生阶段的身体特点,控制好自己的本能和欲望。时时加以警戒,才能克服人性的弱点,减少过错。

孔子曰:"君子有九思:视思明,听思聪,色思温,貌思恭,言思忠,事思敬,疑思问,忿思难,见得思义。"(《季氏》)

【译文】

孔子说:"君子有九种考虑:看的时候考虑看明白了没有,听的时候考虑听清楚了没有,脸上的颜色考虑是否温和,容貌态度考虑是否谦恭,说话的时候考虑是否真诚,做事的时候考虑是否严肃认真,有疑问的时候考虑如何向别人请教,要发怒的时候考虑有什么后患,看见可以得到的东西时考虑是否符合道义。"

【品读】

"九思"是在不同场合、不同处境中对个人言行举止的自觉反省。

子张问仁于孔子。孔子曰:"能行五者于天下为仁矣。""请问之。"曰:"恭,宽,信,敏,惠。恭则不侮,宽则得众,信则人任焉,敏则有功,惠则足以使人。"(《阳货》)

【译文】

子张向孔子询问什么是仁德。孔子说:"能够在天下推行五种品德,就是仁德了。"子张说:"请问哪五种?"孔子说:"恭敬、宽厚、诚信、勤敏、慈惠。恭敬就不会遭受侮辱,宽恕就会得到民众的拥护,诚信就会得到别人的信任,勤敏就会有功绩,慈惠就能够役使人。"

【品读】

恭敬、宽厚、诚信、勤敏、慈惠是仁德的五个重要组成部分。

子曰:"由也!女闻六言①六蔽②矣乎?"对曰:"未也。""居③!吾语女。好仁不好学,其蔽也愚;好知不好学,其蔽也荡④;好信不好学,其蔽也贼⑤;好直不好学,共蔽也绞⑥;好勇不好

学,其蔽也乱;好刚不好学,其蔽也狂。"(《阳货》)

【注释】

①言:本指话语,这里指德行。

②蔽:通"弊",弊病。

③居:坐,坐下。

④荡:放纵,放荡。

⑤贼:伤害。

⑥绞(jiǎo):尖刻刺人。

【译文】

孔子说:"仲由啊!你听说过六种品德中的六类弊病吗?"子路回答说:"没有。"孔子说:"坐下来,我告诉你。喜爱仁德却不喜欢学习,那弊病就是使人愚蠢;喜爱智慧却不喜欢学习,那弊病就是放纵无根基;喜爱诚实却不喜欢学习,那弊病就是危害自身;喜欢正直却不喜欢学习,那弊病就是尖刻伤人;喜欢勇敢却不喜欢学习,那弊病就是作乱闯祸;喜欢刚强却不喜欢学习,那弊病就是狂妄。"

【品读】

人的各种美德需要通过学习才能不断完善。不注重学习,就容易使自己的品性走向反面,流为各种弊病。

子曰:"色厉而内荏①,譬诸小人,其犹穿窬②之盗也与③?"(《阳货》)

【注释】

①荏（rěn）：懦弱，柔弱。
②窬（yú）：越过（围墙）。
③与：通"欤"，语气词。

【译文】

孔子说："脸色严厉而内心懦弱，如果用坏人做比喻，大概就像是挖洞翻墙的小偷吧？"

【品读】

挖洞翻墙的小偷干的是见不得人的勾当，外强中干的小人要用外表的严厉极力掩饰内心的懦弱。做事违理心虚，却又要装得正大威严。把这样的人比作"穿窬之盗"再恰当不过了。

子曰："道听而涂①说，德之弃也。"（《阳货》）

【注释】

①涂：后来写作"途"。

【译文】

孔子说："在道路上听到传言就四处传播，这是修行仁德所应该抛弃的。"

【品读】

道路上听到的传言未经调查，没有事实根据或与事实相出入，古人称作流言。流言经过反复传播，往往会更加偏离事实。所谓"书三写，鱼成鲁，虚成虎"。对于自己没有亲见、未经核实的言论不要轻易相信,更不能轻率地传播。《荀子·大略》说:"流丸止于瓯臾(瓯臾:两种瓦器,喻指洼陷不平之处),流言止于智者。"有智识的人不会轻信流言。"眼见为实,耳听为虚""没有调查就没有发言权"。有社会责任心的人不会没有经过调查就轻率发表意见。

子曰:"恶紫之夺朱①也,恶郑声之乱雅②乐也,恶利口之覆邦家者。"(《阳货》)

【注释】

①朱:大红色。古人认为青、赤、白、黑、黄五种颜色是纯正的颜色,其他的颜色是间色(杂色)。

②雅:正,纯正。

【译文】

孔子说:"(我)厌恶紫色夺去了大红色的光彩,厌恶郑国的乐曲扰乱了雅正的乐曲,厌恶伶牙俐齿(的人)颠覆国家。"

【品读】

空谈误国,实干兴邦。

子路曰:"君子尚①勇乎?"子曰:"君子义以为上②,君子有勇而无义为乱,小人有勇而无义为盗。"(《阳货》)

【注释】

①尚：崇尚。
②上：推崇。

【译文】

子路问："君子崇尚勇敢吗？"孔子说："君子把道义当作最值得推崇的。君子只有勇气而不讲道义就会造反作乱，小人只有勇气而不讲道义就会成为土匪强盗。"

【品读】

"义者，宜也。""义"是什么事情该做、什么事情不该做的标准。言行举止应以道义为约束和准绳。好勇斗狠难免造反作乱，抢劫偷盗。君子应该把勇和仁、义、礼、智、信等内在的品德修习统一起来。

子贡曰："君子亦有恶乎？"子曰："有恶：恶称人之恶者，恶居下流而讪①上者，恶勇而无礼者，恶果敢而窒②者。"曰："赐也亦有恶乎？""恶徼③以为知者，恶不孙④以为勇者，恶讦⑤以为直者。"（《阳货》）

【注释】

①讪（shàn）：诽谤。
②窒（zhì）：闭塞不通，这里指不会变通。
③徼（jiāo）：抄袭。
④孙（xùn）：通"逊"，谦逊。

⑤讦（jié）：揭发别人的隐私。

【译文】

子贡说："君子也有憎恶的人吗？"孔子说："有的：憎恶传播别人坏处的人，憎恶在下位而诽谤上级的人，憎恶勇敢却不懂礼节的人，憎恶果敢却不知道变通的人。"孔子问："（你）端木赐也有憎恶的人吗？"子贡回答说："憎恶抄袭别人的东西来显示自己聪明的人，憎恶毫不谦逊却自以为勇敢的人，憎恶揭发别人的隐私却自以为正直的人。"

【品读】

东汉的马援曾告诫喜好讥议的两个侄儿说："吾欲汝曹（汝曹：你们）闻人过失，如闻父母之名：耳可得闻，口不可得言也。好议论人长短，妄是非正法，此吾所大恶也：宁死，不愿闻子孙有此行也。"（《后汉书·马援列传》）有修养的人，当"静坐常思己过，闲谈莫论人非"，多自我反省，不轻易评论他人是非。

子夏曰："日知其所亡，月无忘其所能，可谓好学也已矣。"（《子张》）

【译文】

子夏说："每天知道自己还未知的，每月不忘自己已经学会的，就可以说是好学了。"

【品读】

学习贵在"温故知新"。坚持不懈，精益求精，才能有所成。

子夏曰："博学而笃志，切问而近思，仁在其中矣。"(《子张》)

【译文】

子夏说："广泛地学习并且使自己的志向笃厚，恳切地发问并且多考虑当前的问题，仁德就在这中间了。"

【品读】

要有坚定的志向，开阔的视野，实践则要从具体可行的事情做起。切不可好高骛远，眼高手低。

子夏曰："君子有三变：望之俨然，即之也温，听其言也厉。"(《子张》)

【译文】

子夏说："君子有三个变化：远远望着，觉得庄严可畏；靠近他，感觉温和可亲；听他的话，感觉严厉不苟。"

【品读】

君子的仪表要庄严，神色要温和，说话要谨慎。

子夏曰："大德不踰闲①，小德出入可也。"(《子张》)

【注释】

①闲：法度。

【译文】

子夏说:"大的节操不能逾越法度界限,小的节操稍稍放松一点是可以的。"

【品读】

原则问题不含糊、不妥协,小节上容许有出入。当然,小的毛病和错误,也要加以重视并及时改进,否则会有"千里之堤,溃于蚁穴"的危险。刘备在临终前告诫儿子刘禅"勿以善小而不为,勿以恶小而为之"。积小善才能成大德,作小恶也会酿大祸。

子贡曰:"君子之过也,如日月之食焉:过也,人皆见之;更也,人皆仰之。"(《子张》)

【译文】

子贡说:"君子的过失,就好比日食月食:犯错的话,每个人都看得见;改正的话,每个人都会敬仰他。"

【品读】

君子对于自己的过错不会加以掩饰,就像日食月食一样,敢于向世人承认和坦白。"过而能改,善莫大焉。"(《左传·宣公二年》)改正之后,世人还会继续敬仰他、尊重他。

参考书目

[1] 皇侃. 论语义疏. 北京：中华书局，2013.

[2] 朱熹. 四书章句集注. 北京：中华书局，1983.

[3] 刘宝楠. 论语正义. 北京：中华书局，1990.

[4] 程树德. 论语集释. 北京：中华书局，1990.

[5] 杨伯峻. 论语译注. 北京：中华书局，1980.

[6] 钱穆. 论语新解. 北京：生活·读书·新知三联书店，2012.

[7] 赵杏根. 论语新解. 合肥：安徽大学出版社，1999.

[8] 李零. 丧家狗：我读《论语》. 太原：山西人民出版社，2007.

[9] 傅佩荣. 傅佩荣译解论语. 北京：东方出版社，2012.

《礼记》贤文

敖①不可长,欲不可从②,志不可满,乐不可极。(《曲礼上》)

【注释】

①敖(ào):通"傲"。

②从(zòng):后来写作"纵",放纵。

【译文】

傲气不可滋长,欲望不可放纵,向上之心不可满足,享乐不可过头。

【品读】

骄傲使人落后,纵欲让人堕落,志满使人止步不前,极乐导致生悲。

爱而知其恶,憎而知其善。(《曲礼上》)

【译文】

对所喜欢的人要知道他的短处,对所讨厌的人要知道他的长处。

【品读】

  这两句话给人的启示体现在多个方面：对从事管理工作来说，它告诉我们要知人善任。从人际交往的角度来说，它能够敦促自己对任何人的看法都不失去原则和公允。从终身学习的角度来说，它告诫我们要保持正确的心态，了解他人的错误并吸取教训，哪怕是自己所喜欢的人；了解别人的所长并虚心学习，哪怕是自己所讨厌的人。只有这样才能不断充实自己，才能不断进步。

  很①毋求胜，分毋求多，疑事毋质②，直而毋有。(《曲礼上》)

【注释】

  ①很：争讼。
  ②质：这里指用自己的主观意识作评断。

【译文】

  与人发生争执不要争胜，分配东西不要占多，有疑问的事情不要臆测，正确的时候不要自以为是。

【品读】

  "曲礼"指细小的礼仪。以上所记虽然是曲礼，但却蕴含着深刻的道理。

礼尚往来，往而不来，非礼也；来而不往，亦非礼也。(《曲礼上》)

【译文】

礼崇尚交际上的有往有来。去给对方施惠，对方不来施惠是失礼的；人家前来施惠，而我不知前往回报，也是失礼的。

【品读】

一来一往，可以使礼加重，可以使情更浓，可以使爱使敬更深。而礼讲究自卑而尊人、贵人而贱己，讲究宽容人；凡事应从自己做起，一来一往，首先要考虑别人对我施惠，我要前往回报，受人滴水之恩，必当涌泉相报，而不是计较我给了别人好处，我就应该索取别人的回报。

夫礼者，自卑而尊人。虽负贩者，必有尊也。(《曲礼上》)

【译文】

礼，要求自我谦卑而尊敬别人。即使是挑担子的小贩，也一定有可尊敬的地方。

【品读】

这段话体现了礼的人情味。尊敬他人，同时使自己得到礼敬。如果人世间充满着温馨的人情味，那么，艰苦、劳累、贫疾、挫折又算得了什么；因为活在温暖中，活得有尊严。

毋勦①说，毋雷同。(《曲礼上》)

【注释】

①勦（chāo）：抄袭。

【译文】

（做学问）不要抄袭，不要雷同。

【品读】

做学问切忌抄袭，不要雷同。早在2500多年前古人就记载于书以为训诫。今日剽窃之事，上至院士博导下至中小学生屡有发生，令人扼腕。此风不治实在愧对古人。

博闻强识而让，敦①善行而不怠。(《曲礼上》)

【注释】

①敦：敦促，勉励。

【译文】

有广博的见识、超强的记忆力却很谦让，努力完善自己的行为而不懈怠。

【品读】

对知识分子而言，不仅要学识渊博，而且要品德高尚。今世不少有学术成就的学者，在品行上缺乏修养，得不到人们应有的敬重；甚至在道德问题上犯错误，为世人所不齿。可以作为我们的反面教材。

君子不尽人之欢，不竭人之忠，以全交也。
(《曲礼上》)

【译文】

君子不要求别人完全喜欢自己，也不要求别人对自己无限地忠诚，这样才能保全交情。

【品读】

一个人不可能喜欢他人所有的一切，也就不可能苛求他人喜欢自己的全部——包括自己的缺点。一个人不可能过分地对他人无限地忠诚，也就不可能苛求他人对自己过分地无限地忠诚——包括包庇自己的错误。

"唯有不强求、不苛求，才能交得知己好友，并得以保持友谊天长地久。'君子之交淡如水'，情谊愈浓，心境却要愈淡的好。"（木碗博客）

人不独亲其亲，不独子其子。使老有所终，壮有所用，幼有所长，矜①寡孤独废疾②者，皆有所养。(《礼运》)

【注释】

①矜（guān）：通"鳏"，指老而无妻的人。
②废疾：废指伤残，疾指疾病。

【译文】

人们不只是敬爱自己的双亲，不只是疼爱自己的儿女。还要使别的老人能够安度晚年，使壮年人能够发挥自己的才干,儿童们能够健康成长,鳏寡老人、孤独无助的人以及残疾人都能得到赡养。

【品读】

《孝经》说:"夫孝,德之本也。""孝"是人伦之本,同时也是一切德性的动力。我们对父母真诚而充实的爱,渐次进展,自能仁及万物,爱护世人。我们要从真诚地爱自己的父母做起,"老吾老以及人之老"。

货恶其弃于地也,不必藏于己;力恶其不出于身也,不必为己。(《礼运》)

【译文】

嫌恶财物被糟蹋浪费,但不一定把它归为己有;厌恶有力气偷懒不用,但不一定为了自己。

【品读】

让我们共同保护能源,多做公益之事。

用人之知①,去其诈;用人之勇,去其怒;用人之仁,去其贪②。(《礼运》)

【注释】

①知(zhì):后来写作"智"。
②贪:贪恋。

【译文】

利用人的智慧而摈弃巧诈的成分,利用人的勇敢而摈弃愤怒情绪,利用人的仁慈而摈弃其贪恋。

【品读】

智之善者为仁,智之恶者为诈。人需要有智慧,但有智慧的人有时容易耍小聪明,搞投机钻营,权谋算计;所以,孔子强调要"用人之智去其诈"。勇敢是一个人积极情绪的激发,但激发过度就会多怒易躁;所以孔子强调要"用人之勇去其怒"。仁慈本是好事,但仁慈太过,贪恋执着,变成孔子批评的"乡原"(好好先生),那就不好了;所以,孔子说"用人之仁去其贪"。

不窥秘,……不道故旧。(《少仪》)

【译文】

不窥探别人的隐私,……不揭别人的老底。

【品读】

现代心理学告诉我们:隐私一旦被人发现,就会引起心理和情绪的躁动不安;因此,传统文化强调的不窥探隐私,是尊重他人的需要,是仁慈的表现。

发然后禁,则扞格而不胜。时过然后学,则勤苦而难成。杂施而不孙①,则坏乱而不修。独

学而无友，则孤陋而寡闻。燕②朋逆其师。燕辟③废其学。此六者，教之所由废也。(《学记》)

【注释】

①孙（xùn）：通"逊"，顺。

②燕：亵渎，轻慢。

③燕辟：燕游邪僻。

【译文】

坏事发生了才加以禁止，就会有违教育的本意而难以战胜邪恶；就学时期已过才开始学习，就会感到辛苦而难有成就；杂乱地施教而不循序渐进，就会破坏知识的系统性而难以学好；独自学习而没有学友在一起切磋，就会学习偏狭浅薄而见识不广；结交不正派的朋友，会违背老师的教诲；闲荡邪行，就会荒废学业。这六个方面，是致使教育失败的原因。

【品读】

第一个方面说的是对恶习的防微杜渐，第二个方面说的是要及时努力地学习，第三个方面说的是对知识的学习要循序渐进，第四个方面说的是要相互学习，第五个方面说的是要结交良友，第六个方面告诫我们"业精于勤而荒于嬉"。这六个方面，对于我们当今的教育包括自我教育，依然值得谨记笃行。

凡学之道，严①师为难。师严然后道尊，道尊然后民知敬学。(《学记》)

【注释】

①严：尊敬。

【译文】

学习的过程，最难做到的是尊敬老师。老师受到尊敬，然后知识才会受到尊重；知识受到尊重，然后人民才会严肃地对待学习。

【品读】

过去有人认为传统的"师道尊严"，"主要是从老师在学生面前要严肃，学生对老师要绝对服从的角度来理解的"，这实在是一种误解。"师道尊严"实际上也就是要尊敬老师，尊重知识。（吕友仁《礼记讲读》，第134页）

一日为师，终身为父；尊敬老师是孝道的延伸。我们必须崇敬肉体生命的给予者，我们也应该崇敬文化生命的给予者。

君子反情以和其志，比类①以成其行。（《乐记》）

【注释】

①比类：比照善类，以有德行的人为榜样。

【译文】

君子通过反省自我来培养自己的心态，比照他人来完善自己的行为。

【品读】

曾子说："吾日三省吾身。"（《论语·学而》）通过对自身言行的不断反省，往往能够得到真切、深入、细致的收获，从而不断进步。孔子说："见贤思齐焉。"（《论语·里仁》）通过诚恳地学习好榜样，虚心地看到自己的差距，能够促使自己努力赶上。

子云："善则称人，过则称己，则民不争。善则称人，过则称己，则怨益亡。"（《坊记》）

【译文】

孔子说："把功劳归于别人，有过错归于自己，这样人们就不会发生争执。把功劳归于别人，有过错归于自己，仇怨就会越来越少。"

【品读】

善则称人、过则称己，不仅仅是保持人际关系和谐的一种需要，更是提高自身素质的一个过程，是促使自己积极进取的一种手段。阿珩的博客说得好："善则称人时，须得真心。见人之善后假人之长，自然能敬业乐群。过则称己时，还得实意。省己之过后补己之短，自然能自强不息。"

君子约言，小人先言。（《坊记》）

【译文】

君子少说话多做事，小人没做事前先说大话。

【品读】

"少说话多做事"在当今社会被认为是经典名言。其实，早在两千多年前古人对它就有过精辟的概括,而且内容更为丰富——要避免没做事之前先说大话、说空话。

喜怒哀乐之未发①谓之中,发而皆中节谓之和。(《中庸》)

【注释】

①发:表现。

【译文】

喜怒哀乐没有表现出来叫作"中",表现出来而都合乎节度叫作"和"。

【品读】

"喜怒哀乐之未发谓之中",也就是说很多时候一个人应该学会控制情绪,这种做法是适宜的。但喜怒哀乐是自然反应,保持心的宁静是有益的,而有时释放情绪也是有益的,关键在于是否"中节"。

"中节"要考虑几个重要因素:首先是情感真诚。男儿有泪不轻弹,但当毕生关爱自己的父亲或母亲去世的那一刻嚎啕大哭,这没有什么不对。其次要符合礼仪。无论是喜、是怒、是哀,还是乐,在图书馆和交响音乐会大声宣泄都是属于没有素养的。最后是要有节制。人逢喜事精神爽,约上三五好友到KTV高歌几曲,是可以的;但弄个通宵,喝个烂醉,就不妥了。

和也者,天下之达道①也。(《中庸》)

【注释】

①达道:达,通达。道,道理。

【译文】

"和"是天下一切事物的通理。

【品读】

传统文化中的"和",包括三个方面的内涵:一是人与自然界的和谐(天人合一);二是人与人的和谐("孝""恕"等);三是人的个体和谐,包括身体和谐与心理和谐。天人合一能使生态平衡,人与人和谐能使社会安定,人的个体和谐能使人健康长寿;这些都是人们累积而成的共识。所以说:"和也者,天下之达道也。"

仲尼曰:"君子中庸①,小人反中庸。君子之中庸也,君子而时中②。小人之反中庸也,小人而无忌惮也。"(《中庸》)

【注释】

①中庸:中,恪守中道不偏不倚。庸,用。"中庸"即"中的运用"。

②时中:时时都恰如其分。

【译文】

君子实行中道,小人违反中道。君子实行中道是说君子在任何时候都符合"中"的标准。小人违反中道,是说小人行事无所忌惮。

【品读】

"时中"的传统思想对于今天的和谐社会建设和日常生活调理仍然具有积极的指导意义。我们发展生产和建设社会文明，对大自然该开发的时候要开发、该保护的时候要保护，听任自然不去开发或破坏自然任意开发都是不适宜的。人不能没有同情心，但同情心过滥，淹没了理智，也是不宜的。亲人去世悲从中来是应该的，但应该节哀顺变，不能伤心过度。人逢喜事必然高兴，但也不能高兴过头。因此，无论是人与自然、人与人还是人的个体，都要追求中道，力求做到恰如其分。

子曰："回①之为人也，择乎中庸，得一善，则拳拳②服膺③而弗失之也。"（《中庸》）

【注释】

①回：孔子学生颜渊，名回。在孔子弟子中名列德行科第一。

②拳拳：奉持貌。

③服膺（yīng）：服，依附。膺，胸。

【译文】

孔子说："颜回的为人，选择中庸之道，每得到一条好道理，就谨守奉持，切实践行而不让它丢失。"

【品读】

善行一定要由内心真诚引发力量，并长期实践，使它成为主动的习惯。如果不是发自真诚，而是为了虚荣刻意为之，是难以持久的。我们要像颜回那样，加强自我修养，在做好事这个问题上养成良好的习惯，成为受社会欢迎的人。

君子和而不流，强哉矫①！（《中庸》）

【注释】

①矫（jiǎo）：强大的样子。

【译文】

有道德的人能与人和睦相处而不同流合污，这才是真正的强啊！

【品读】

传统文化中的"和"，既讲和谐，但又不和稀泥。孔子非常讨厌不分是非、没有原则主见、唯唯诺诺、随声附和的人。他认为，这样的老好人是败坏道德的人（《论语·阳货》："子曰：'乡原，德之贼也。'"）。

庸①德之行，庸言之谨，有所不足，不敢不勉，有余，不敢尽。言顾行，行顾言，君子胡不慥慥②尔？（《中庸》）

【注释】

①庸：平常。

②慥慥（zào zào）：努力自勉。

【译文】

对于平常道德方面的践行，对于言论方面的谨慎，做得不够的地方，我不敢不努力去弥补。有长于别人的地方，也不敢以为自己这方面已经做得很完美。说话切合自己的行为，行为兑现自己说过的话，有道德的人怎能不努力自勉呢？

【品读】

对"勉庸"（平常的行为，时时努力自勉），上面这段话说得特别透彻，可以作为我们的座右铭。

君子素其位而行，不愿①乎其外。（《中庸》）

【注释】

①愿：羡慕。

【译文】

君子按照向来所处的地位行事，从不去羡慕本分以外的东西。

【品读】

安于本位，一步一个脚印，既能把事情做好，也容易保持心情舒畅。心存非分之想，不仅愿望无法实现，而且徒生忧伤。

在上位，不凌①下；在下位，不援②上。（《中

庸》）

【注释】

①凌：欺凌。

②援：攀援，巴结。

【译文】

处在上位，不欺凌处在下位的人；处在下位，不巴结奉承处在上位的人。

【品读】

做人要保持心态平和，不懒不狂不贪不媚，兢兢业业，在本位工作上做出称职的让人敬重的成绩。

上不怨天，下不尤人。故君子居易以俟①命，小人行险以徼②幸。（《中庸》）

【注释】

①俟（sì）：等待。

②徼（jiǎo）：通"侥"，侥幸。

【译文】

君子上不埋怨天，下不责怪人。因此，君子居心平易来等待机遇，小人则铤而走险以图侥幸。

【品读】

俗话说："尽人事，听天命。"做人做事要学会等待。有准备就能把握住机会。要以平静的心态、积极的行动来等待机会的来临。

君子之道，辟①如行远必自迩②，辟如登高必自卑③。(《中庸》)

【注释】

①辟：后来写作"譬"。
②迩(ěr)：近。
③卑：低处。

【译文】

君子为人处世，就像远行，一定要从近处起步；就像登高，一定要从低处开始。

【品读】

一个人既要有登高的决心，行远的目标，志存高远，勇往直前；同时，又要脚踏实地，循序渐进。

事死如事生，事亡如事存，孝之至①也。(《中庸》)

【注释】

①至：极。

【译文】

侍奉死者如同侍奉他生时一样，侍奉亡故的如同侍奉他存世时一样，这是孝的最高表现。

【品读】

借用周何先生的话："如果对死去的亲人能保有这份始终不渝的感情"，"一份真挚而深刻的孝思"，"相信对眼前生者的感情,更能懂得珍惜。人人都能懂得珍惜彼此间真挚的感情,社会自然充满了温暖醇厚的人情味"。(周何《古礼今谈》,第197页)

仁者,人①也,亲亲为大。义者,宜也,尊贤为大。(《中庸》)

【注释】

①人:名词的意动用法。

【译文】

所谓仁就是爱人,敬爱双亲是大仁。所谓义就是合宜,尊重贤人是大义。

【品读】

就"亲亲"来说:百事孝为先,一个人只有爱自己的父母才能爱社会中其他的人,所以说"亲亲为大"。就"尊贤"来说:贤人论才能办事,论德能范人,见贤思齐,则各种事务能有效治理,世风人情敦厚温暖,所以说"尊贤为大"。

子曰:"好学近乎知①,力行近乎仁,知耻近乎勇。知此三者则知所以修身。"(《中庸》)

【注释】

①知(zhī):后来写作"智"。

【译文】

　　孔子说:"喜欢学习就接近了智,努力实践就接近了仁,知道羞耻就接近了勇。了解这三点,就知道怎样修身。"

【品读】

　　智慧的获取需要不断学习,要懂得如何爱一个人需要融入社会、积极参加社会实践,犯了错误能自我剖析、努力改过这是一种勇敢。这三个方面确实是修身自强的重要准则。

凡事豫①则立,不豫则废。(《中庸》)

【注释】

　　①豫:计划,准备。

【译文】

　　无论什么事情,预先计划好就会成功,预先没有计划就会失败。

【品读】

　　年轻人一定要对未来的人生进行详细的规划,根据自身的兴趣、爱好、所长以及各方面的基础和条件明晰定位,认真计划好每一步应该怎么走。有哲人说得好:"成功的人生需要正确的规划。你今天站在哪里并不重要,但你下一步迈向哪里却很重要。"

博学之，审问之，慎思之，明辨之，笃行①之。(《中庸》)

【注释】

①笃行：切实地实行。

【译文】

广博地学习，详细地求教，周密地思考，明确地辨别，切实地行动。

【品读】

这里是对知行合一的强调。"博学、审问、慎思、明辨"这八个字是"知"的功夫，这自然十分重要；后面的"笃行"虽然只有两个字，但强调了"行"的一面，同样也非常重要。对于当今的青年学生来说，与"知"合一的"行"，不仅仅指实际工作能力和实际操作能力等专业实践，还包括道德实践，具体来说，也就是不断努力使人格向善的实践。

人一能之，己百之；人十能之，己千之。果能此道矣，虽愚必明，虽柔必强。(《中庸》)

【译文】

别人做一遍能做到的，我做一百遍；别人做十遍能做到的，我做一千遍。如果真能做到这样，即使是愚笨的人也可变得聪明，即使是柔弱的人也一定会变得坚强。

【品读】

请让我们牢记这一段励志名言。立志励志，自强不息。

自诚明，谓之性；自明诚，谓之教。诚则明矣，明则诚矣。(《中庸》)

【译文】

由天生的真诚而自然明白道理的，叫作天性；由后天的修养明白道理而做到真诚的，叫作教化。真诚就会明白道理，明白道理就会变得真诚。

【品读】

傅佩荣说："'自诚明'，是说由诚身而明善。当我们坦诚反省内心的趋向，忠于自己对人的感受，就会发现原来人性是向善的，这种发现能力，是属于天性，不待学习而会的。""'自明诚'，是说由明善而诚身。明白人间善行之后，觉悟那才是自己真正向往的境界，因为它与我内心的指示若合符节。这正是教化的目的所在。"(傅佩荣《傅佩荣〈四书〉心得》，第48页)

好人一生平安。无论何时何地，善是人心所向往的。《中庸》说："诚身有道，不明乎善，不诚乎身矣！"又说："诚之者，明善而固执之也。"诚身可以明善，明善而能诚身。无论是诉诸天性还是诉诸教化，一个人立身处世的原则就是要行善。

君子不以其所能者病人，不以人之所不能者愧人。(《表记》)

【译文】

君子不用自己所能来责备人，不用别人所不能来讥笑别人。

【品读】

　　人无完人，人难全才。自己有所能，必然也有所不能；别人有所不能，也必然有所能。所以，一个有修养的人，不应该自恃己能，要时时注意增进己所不能；不应该讥笑人所不能，要时时注意发现和学习人之所能。

　　可言也不可行，君子弗言也；可行也不可言，君子弗行也。则民言不危[①]行，而行不危言矣。(《缁衣》)

【注释】

　　①危：高。这里指高出、超越。"言危行"即言论超越行动，也就是说所说的话做不到或没办法实行。"行危言"即行动超越言论，也就是说所做的事不能说出口。

【译文】

　　可以说而没法实行的话，君子不说；可以做而不能说出口的事，君子不做。这样民众就能做到言论既不高出行为，行为也不会超越言论。

【品读】

　　凡事要说到做到，做事要光明磊落。

子曰:"君子道人以言,而禁①人以行。故言必虑其所终,而行必稽其所敝,则民谨于言而慎于行。"(《缁衣》)

【注释】

①禁:谨防。

【译文】

孔子说:"君子用言语引导人向善,用行动谨防人学坏。因此说话必须考虑后果,而行动必须考察是否有弊病。这样民众就会谨慎自己的言行。"

【品读】

明朝朱国祯说:"八十年来识更真,深知言行切修身。"(《涌幢小品·笃行》)要做到谨言慎行,总的来说在于修身;而具体来讲,"言必虑其所终,行必稽其所敝"则是有益的指引。

君子多闻,质而守之;多志,质而亲之;精知,略而行之。(《缁衣》)

【译文】

君子多方听取意见,正确的就加以坚持。多多学习知识,有用的就不断加强学习。精思所学的知识,选取其中重要的加以实行。

【品读】

以上从广闻、博学、多思三个方面指明了知行合一的途径。

唯君子能好其正，小人毒①其正。（《缁衣》）

【注释】

①毒：陷害，憎恨。

【译文】

只有君子喜欢指正自己的人，小人则憎恨指正自己的人。

【品读】

闻过而喜，喜而改之，就能够不断进步。反之，闻过则怒，动辄训人；闻过则辩，自以为是；闻过则罔，逃避现实；闻过则疑，猜忌报复。这些都是人生进步的大敌。

子曰："言从而行之，则言不可饰也；行从而言之，则行不可言也。故君子寡①言而行以成其信，则民不得大其美而小其恶。"（《缁衣》）

【注释】

①寡："顾"字之误。

【译文】

孔子说："说了就跟着去做，所说的话就不可夸饰；做了然后跟着说，那么所做的事就不能掩饰。所以，君子顾及自己的言论而行事，来成全个人的威信，于是民众就不能夸大自己的功善而缩小自己的过失。"

【品读】

我们现在或未来做领导者、管理者,在言行上如何以身作则?这里所说的"顾言而行以成其信"给出了一个很好的建议。

言必先信,行必中正。(《儒行》)

【译文】

说话必定以信用为先,行动必定中正不偏。

【品读】

对于说话,孔子说:"言而无信,不知其可也。"(《论语·为政》)修身的前提是诚意,因此言语诚实是说话的首要考虑。《中庸》说:"中也者,天下之大本也。"所以,中正不偏是做事的基本原则。

儒有委之以货财,淹之以乐好,见利不亏其义;劫之以众,沮①之以兵,见死不更其守。(《儒行》)

【注释】

①沮(jǔ):恐吓。

【译文】

对儒者,把钱财给他,企图使他沉溺于玩乐和好东西,但他不会见利而做有违道义的事；用众人来胁迫他，用兵器来恐吓他，他不会面对死亡而改变操守。

【品读】

　　一个人应该有志气，有道德，有做人的准则；"富贵不能淫，贫贱不能移，威武不能屈"。保持这种人格，既受人尊敬，自己也活得有尊严。

　　（儒者）优游之法，慕贤而容众，毁方而瓦合①，其宽裕②有如此者。（《儒行》）

【注释】

　　①毁方而瓦合：比喻儒者不孤芳自赏，能与众人打成一片。
　　②宽裕：胸襟开阔。

【译文】

　　儒者的大度是这样的：尊敬贤人，包容众人，犹如削损自己玉圭般的方角而与瓦器般的众人相融合。儒者的胸襟开阔就像这样。

【品读】

　　尊敬贤人，包容众人，能做到敛藏自己卓然立异的学识才能与一般人融合在一起；永远做到在交友中着眼于别人比自己好的一面，看轻别人不如自己的一面。只有这样才能与人和睦相处，并在交友中看到自己的差距，从而不断提高自己。

不临深①而为高，不加下而为多。(《儒行》)

【注释】

①深：凹陷处。这里指地位低下的人。

【译文】

对地位低下的人，不显示自己的高贵，做事不凌驾功少的人之上而自以为功多。

【品读】

对于前面一句话蕴含的道理，不妨用两个故事来加以说明。

故事一：已故美国总统林肯有一次外出，路边有一个身穿破衣烂衫的黑人老乞丐对其行鞠躬礼。林肯总统一丝不苟地脱帽对其回礼。随员对总统的举止表示不解。林肯总统说："即使是一个乞丐，我也不愿意他认为我是一个不懂礼貌的人。"

故事二：世界著名文学家萧伯纳一次到苏联访问，偶遇一位小姑娘，与她玩耍。离别时对小姑娘说："回去告诉你妈妈，今天和你玩的是世界著名文学家萧伯纳。"不料小姑娘竟学着萧伯纳的口气说："回去告诉你妈妈，今天和你玩的是苏联小姑娘卡嘉。"这件事给萧伯纳震动很大，他感慨地说："一个人无论他有多大成就，他在人格上和任何人都是平等的。"

对于后面一句话，说一说人们津津乐道的景日昣不贪功的故事。

相传清朝雍正皇帝登基那年，夫人晋升太后，一时高兴，贪吃而致腹泻。太医院派张太医诊查，确诊为胃寒积食。开一药方,内有巴豆四两。雍正一看药方,认为含有毒性的巴豆,四两足以要人性命,便以谋害太后为名将张太医打入死牢。改请名医景日昣。景日昣看了张太医药方之后,提出亲自配制药方、亲自煎熬。几剂药之后,太后病愈。雍正大喜,要嘉奖景日昣,同时准备将张太医问斩。这时景日昣对雍正说:"皇上息怒,张太医不愧为名医,他的诊断是正确的,所开药方也是良方。我与张太医的诊断一致,所开药方基本相同,也有巴豆四两。皇上只看到'巴豆'二字,而没有注意到前面有个'炙'字。炙过的巴豆毒性减弱而有利于治病。之所以之前提出自己亲手配药、亲自煎熬,也是怕皇上知道有巴豆而遭杀身之祸。"皇上一听当即释放了张太医。此后景日昣与张太医成了推心置腹的好朋友。

大学①之道,在明明德②,在亲民③,在止于至善。(《大学》)

【注释】

①大学:古代的教育机构。

②在明明德:第一个"明"是动词,"彰显"之义;第二个"明"是形容词,指"光明的"。

③亲民:亲,当作"新"。

【译文】

大学的理想,在于彰显一个人光明的德行,在于教育人们自新向善,在于使人达到最完美的道德境界。

【品读】

《大学》开篇的这三句话,提出了大学教育的三个理想。

第一个理想是"明明德"。要使人行善,当光明的德行彰显时,就会行善。第二个理想是"亲(新)民"。既要让自己不断地更新,同时也要让社会、百姓都革新。第三个理想是"止于至善"。"至善"也许难以达到,但它应该成为一个人的一生不断追求的目标。

知止①而后有定,定而后能静,静而后能安,安而后能虑,虑而后能得。(《大学》)

【注释】

①知止:止,停止。知止指知道自己内心应该停止在怎样的一种心理状态。

【译文】

知道应当处于的道德境界才能有坚定的志向,有了坚定的志向才能心静不躁,心静不躁才能安于所处的环境,安于所处的环境才能进行周全的考虑,进行周全的考虑才可能领悟至善的价值和意义。

【品读】

"知止"可归结到"善"。人有各种各样的人生目标,所有这些目标都要以"善"为原则。比如,立志做富翁,但君子爱财,取之有道;否则,宁愿不做。知道最终是以善为归依之后,就能够"有定",并接下来进一步地达到"静""安""虑""得"。

所谓诚其意者,毋自欺也。如恶恶臭①,如好好色②,此之谓自谦③;故君子必慎其独也。小人闲居为不善,无所不至,见君子而后厌然揜④其不善而著其善,人之视己,如见其肺肝然,则何益矣?此谓诚于中形于外,故君子必慎其独也。(《大学》)

【注释】

①如恶(wù)恶(è)臭(xiù):前恶指厌恶,后恶指不好的,臭指气味。

②如好(hào)好(hǎo)色:前好指喜欢,后好指美丽的,色指颜色。

③谦:通"慊",满足。

④揜(yǎn):遮蔽,掩盖。

【译文】

所谓忠于自己的意念,就是说不要自己欺骗自己。就像厌恶恶臭,喜欢美色,这叫自求快意。因此,君子独处的时候十分谨慎。小人独处的时候什么坏事都做得出来,见到君子然后遮遮掩掩地掩藏他那不光彩的行为而显示他的善良;可是别人看他,如同看透了他的肝肺,这样装模作样又有什么好处呢?

【品读】

一个人既知什么是善,什么是恶,却不做好事而做不好的事,这是不忠于自己已知的意念,这是自己欺骗自己。就像恶心臭味,喜欢美色,一个人有时候很难控制自己的欲望;于是,会为这些欲望做出不善的事。然而,凡事都是

"诚于外，形于中"。一个人做不好的事，尽管怎么遮掩，总会表现出来。所以，做人一定要时时严格要求自己，尤其是独处的时候更应该谨慎。

所谓修身在正①其心者，身有所忿懥②，则不得其正；有所恐惧，则不得其正；有所好乐，则不得其正；有所忧患，则不得其正。（《大学》）

【注释】

①正：定。
②懥（zhì）：愤怒。

【译文】

所谓修身在于安定自己的内心，是说自身有所愤怒，内心就不能安定；有所恐惧，内心就不能安定；有所嗜好喜乐，内心就不能安定；有所忧虑，内心就不能安定。

【品读】

在日常生活中，有四种状态会影响一个人内心的安定，即愤怒、恐惧、好乐、忧患。修身必须保持内心的安定，最重要的是不要受这四种情绪的影响。不以物喜，不以己悲，宠辱不惊。

心的宁静可以祛病，"一切病皆生于心，心神安泰，病从何生？"（明代王文禄《医先》）；心的宁静也可以排除喜怒哀乐各种情绪对人的不良干扰，因为"有动于中，必摇其精"（欧阳修《秋声赋》）；保持心的宁静还可以避免浮躁，使自己认真做事，踏实做人，成就自己远大的目标，正如诸葛亮《诫子书》所说："非淡泊无以明志，非宁静无以致远。"

是故君子有诸①己，而后求诸人；无诸己，而后非诸人。所藏乎身不恕，而能喻诸人者，未之有也。(《大学》)

【注释】

①诸："之于"的合音。

【译文】

君子自己先做到，然后才要求别人做到。自己没有这样的坏习性，然后才能批评别人。自身没有恕道，而能教育别人有恕道，没有这样的事。

【品读】

儒家的恕道强调"己所不欲，勿施于人"(《论语·颜渊》)。用今天的话来说也就是"将心比心""换位思考"。如果人人都能将心比心、换位思考，世界将会变得更美好。

所恶于上毋以使下，所恶于下毋以使上，所恶于前毋以先后，所恶于后毋以从前，所恶于右毋以交于左，所恶于左毋以交于右，此之谓絜矩①之道。(《大学》)

【注释】

①絜（xié）矩：絜，用绳量度筒形物体的粗细。矩，画方形的器具。儒家以"絜矩"来象征道德上的规范。

【译文】

凡是上面的人所做的令我厌恶的事，不要用来使唤下面的人。凡是下面的人所做的令我厌恶的事,不要用来侍奉上面的人。凡是前面的人所做的令我厌恶的事,不要施之于后面的人。凡是后面的人所做的令我厌恶的事,不要施之于前面的人。凡是右边的人所做的令我厌恶的事,不要用来对待左边的人。凡是左边的人所做的令我厌恶的事,不要用来对待右边的人。这就是絜矩之道。

【品读】

无论处于何种关系,无论处于何时何地,都要从善去恶;同时,也都要注意到"己所不欲,勿施于人"。这就是做人的道德规范。

君子有大道①,必忠②信以得之,骄泰以失之。(《大学》)

【注释】

①大道:基本原则。
②忠:尽心竭力(做某事)。

【译文】

所以君子当政临国有根本的原则:尽心竭力于事、诚诚恳恳待人便能成就大业,骄恣放肆必然丧失政权。

【品读】

认认真真做事,诚诚恳恳待人,同样也是一个人为人处世的基本原则。

参考书目

[1] 杨天宇. 礼记译注. 上海：上海古籍出版社，1997.

[2] 王文锦. 礼记译解. 北京：中华书局，2001.

[3] 吕友仁. 礼记讲读. 上海：华东师范大学出版社，2009.

[4] 周何. 古礼今谈. 台北：台北万卷楼图书有限公司，1992.

[5] 傅佩荣. 傅佩荣《四书》心得. 上海：上海三联书店，2007.

《孟子》贤文

（孟子）曰："且古之君子，过则改之。今之君子，过则顺①之。古之君子，其过也，如日月之食，民皆见之，及其更也，民皆仰之。今之君子，岂徒顺之，又从为之辞②。"（《公孙丑下》）

【注释】

①顺：这里指将错就错。

②辞：托辞，借口。

【译文】

孟子说："况且，古代的君子有了过失就改正，现在的君子有了过失却将错就错。古代的君子他们的过失就像日食月食，百姓全都看到；但他们改正的时候，百姓也全都仰头望着。现在的君子，岂只是将错就错，还跟着为过失找种种托辞。"

【品读】

孔子的学生子贡曾经比喻君子之过如日月之食（《论语·子张》："君子之过也，如日月之食焉。"）孟子在《公孙丑上》也曾提到，孔子的学生子路，别人指出了他的过失,他就很高兴("人告之以有过,则喜")。而在这里,孟子则将社会上的人和古代君子进行比较,指出许多人知错不改,将错就错的陋习。一个人有错,自己不一定知道。别人指出来,让自己得以改正,这确实应该高兴。这看似简单而正常!但在实际生活中,知道自己错了都不愿意改正的,却比比皆是。

孟子曰:"富贵不能淫①,贫贱不能移,威武不能屈。此之谓大丈夫。"(《滕文公下》)

【注释】

①淫:过度,无节制。

【译文】

孟子说:"富贵不能让他过度挥霍放纵,贫贱不能动摇改变他的意志,威武不能屈服他的志向,这才叫大丈夫!"

【品读】

正心修身,培养伟大的人格,就是在直面诱惑、困境与压力时,不卑不亢、不离不弃、不屈不挠。李泽厚《中国古代思想史论》说:"这是两千年来始终激励人心、传颂不绝的伟辞名句。它似乎是中华民族特别是知识分子的人格理想。"

孟子曰:"不以规矩①,不能成方员②;不以六律③,不能正五音④。"(《离娄上》)

【注释】

①规矩：规，用以求圆形的工具。矩，用以求方形的工具。规矩，犹言法则。

②员：后来写作"圆"。

③六律：古代定音的标准。相传古人截竹为管，以管长来分别声音，乐器的音调均以之为准，此即标示绝对音高的乐律。乐律共十二，阴阳各六。六律指六个阳律，即黄钟、太蔟、姑洗、蕤宾、夷则、无射。

④五音：指宫、商、角、徵、羽五个音阶。

【译文】

孟子说："不靠圆规和曲尺，无法画好方形和圆形；不依据六律，无法校准五音。"

【品读】

规矩，有标准之意。行业需要标准，才能使工匠之间、产品之间形成衔接。规矩，也有社会惯习之意。社会共同体中人群的共同生活也会形成一定的习惯，待人处世要符合社会规范、人群习惯，这就是人们常说的守规矩。规矩，还有法则之意。万事都有一定的法则，得其要领，问题迎刃而解；不得要领，则碌碌无为。协调人的行为，需要法律法规。小到家规村规，大到国家法令，国际宪章。达成共识，订立这些规矩，使大家有所遵循，协同共进。

孟子曰："自暴①者，不可与有言②也；自

弃③者，不可与有为也。言非礼义，谓之自暴也；吾身不能居仁由义，谓之自弃也。仁，人之安宅④也；义，人之正路也。旷⑤安宅而弗居，舍正路而不由⑥，哀哉。"（《离娄上》）

【注释】

①暴：糟蹋，损害。

②有言：意为有善言，有价值的言语。

③弃：鄙弃。自己瞧不起自己，甘于落后或堕落。

④安宅：可以安居之所。

⑤旷：废弃，荒废。

⑥由：行，经。

【译文】

孟子说："自己糟践自己的人，不可能和他谈出有价值的言语；自甘落后的人，不可能和他做出有价值的事。说话诋毁礼义，这叫糟践自己；自认为不能守仁行义，这叫自暴自弃。仁，是人们安适的精神住宅；义，是人们正确的道路。空着安适的住宅不去居住，舍弃正确的道路不去行走，可悲啊！"

【品读】

孔子说："君子求诸己，小人求诸人。"（《论语·卫灵公》）——小人总是要求别人这样那样，而君子则是在自己身上寻找原因。小人习惯于强调外在条件对自身的限制，哀叹老天爷没有给自己大富大贵的机会。在嫉妒别人、埋怨社会的同时，也就意味着对自己的放任自流与自暴自弃。孟子和孔子一样，警醒大家从自身做起，培育仁爱的精神家园，并沿着正义的道路坚持前行。

孟子曰:"道在迩①而求诸远,事在易而求诸难——人人亲其亲,长其长②,而天下平。"(《离娄上》)

【注释】

①迩:近。

②亲其亲,长其长:亲爱自己的双亲,尊敬自己的长辈。前一个"亲"和"长"作动词,后一个"亲"和"长"作名词。

【译文】

孟子说:"道在近处却到远处去找,事情本来很容易却往难处做——只要每个人亲爱自己的双亲,尊敬自己的长辈,天下就太平了。"

【品读】

只要人人都从自己身边做起,从平易之事努力,不要空谈治国安邦平天下的大道理,天下就太平了。也就是说,在《礼记·大学》所展开的"修身、齐家、治国、平天下"人生修炼阶梯上,修身是第一步最基本的行动。

孟子曰:"存①乎人者,莫良于眸子②。眸子不能掩其恶。胸中正则眸子瞭③焉;胸中不正则眸子眊④焉。听其言也,观其眸子,人焉⑤廋⑥

哉?"(《离娄上》)

【注释】

①存：观察。

②眸子：瞳仁。

③瞭（liào）：明亮。

④眊（mào）：眼睛失神，看不清楚。

⑤焉：如何。

⑥廋（sōu）：藏匿。

【译文】

孟子说："观察一个人，没有比观察他的眼睛更好的了。眼睛不会掩藏人的邪恶。心思正直，眼睛就明亮；心思不正，眼睛就浊暗。听一个人说话，同时观察他的眼睛，这个人的善恶还能隐藏到哪里去呢？"

【品读】

西方有谚语说：眼睛是心灵的窗户。孟子这句话的重点，并不在讨论生理医学，而在强调一个人要时刻观照自己的内心，表里如一，使自己的身心始终处于自然和谐的状态。从另一个角度，孟子是在告诫我们，一个人应该"诚意、正心、修身"，要通过自己的眼睛看到自己的灵魂！

孟子曰："恭者不侮人，俭者不夺人。侮夺人之君，唯恐不顺焉，恶①得为恭俭！恭俭岂可以声音笑貌为哉！"(《离娄上》)

【注释】

①恶（wū）：如何，怎么。

【译文】

孟子说："谦恭的人不会欺侮他人，俭朴的人不会强夺他人。欺侮、强夺他人的君主，唯恐别人不顺从自己，哪能做到谦恭、俭朴！谦恭与俭朴难道能用好听的说辞和脸上的嬉笑伪装出来吗！"

【品读】

对人谦恭，克己俭朴，是两种基本的为人处世态度。为人谦恭者，观念中时时刻刻是人人平等，当然也就不会欺侮别人了。克己俭朴者，无欲无求，因而就不会对人怀着觊觎之心。如果高高在上的君主，一方面轻侮民意、贪敛民财，一方面又唯恐民众不顺从，于是施点小恩小惠，并且标榜自己清廉俭朴，那就不要自称恭俭，只能叫作伪善。

孟子曰："有不虞①之誉，有求全之毁②。"
（《离娄上》）

【注释】

①虞：意料。
②毁：责备，诋毁。

【译文】

孟子说："有料想不到的赞扬，也有吹毛求疵的责备。"

【品读】

本来觉得自己做得还不够，却意外得到赞誉嘉奖，心中难免忐忑惶恐;本来觉得自己做得有模有样够到位了,正等着夸奖,却被吹毛求疵地责备了一番,心中难免委屈气恼。但是,夸奖也好,责备也好,本身不一定是客观准确的,关键还是自己心里要有一杆秤。得到意外夸奖之时,不要受宠若惊飘飘然;受到意外责备之时,却要保持着有则改之、无则加勉的胸怀。这就是修身!

孟子曰:"人之患①,在好②为人师。"(《离娄上》)

【注释】

①患:毛病。

②好:喜爱。

【译文】

孟子说:"人们的毛病,在于总喜欢充当别人的老师。"

【品读】

孔子曾经谦虚地称自己学与教的理想是"学而不厌,诲人不倦"。孟子是多么想见到孔子这样一位老师。但是,他见得太多的却是半瓶子醋还喜欢炫耀自己教训别人的"专家"。所以,孟子忍不住向这些人发出了一声棒喝!自己"学而不厌"的人,才有资格对别人"诲人不倦"。

孟子曰:"人有不为也,而后可以有为。"(《离娄下》)

【译文】

　　孟子说:"人要懂得有所不为,然后才能有所作为。"

【品读】

　　世事茫茫,歧多亡羊。要舍得不做某些事,才能做出一些事;要克制自己想做某些事的冲动,然后才能有所作为。"不为",就是为了"有为"而有所选择,有所舍弃。

　　孟子曰:"言人之不善,当如后患何?"(《离娄下》)

【译文】

　　孟子说:"说人家的坏话,招来后患怎么办?"

【品读】

　　"谁人背后无人说,哪个背后不说人?"人的劣根性的确如此。这是对修身的一大考验。孟子以"后患"来警告我们想要说出口的"坏话"。什么是"后患"?你说的坏话有可能会传到当事人的耳朵里。他记恨你,而你还蒙在鼓里。听你说"人之不善"的听众,可能表面附和你,但暗地里却已经在提防你。因为你现在对他说别人的"不善",以后就有可能对别人说他的"不善"!这种负能量相互作用,对一个人的整个社交圈后患无穷。推而广之,这种相互作用对整个社会的诚信体系,也是后患无穷。

　　孟子曰:"大人者,不失其赤子①之心者

也。"（《离娄下》）

【注释】

①赤子：婴儿，意指纯真质朴之人。

【译文】

孟子说："有德行的人，是没有丧失婴儿般善良纯洁之心的人。"

【品读】

傅佩荣先生在《傅佩荣细说孟子》一书中，盛赞此言为"千古名言"。不但孟子有此洞见，中外的伟大思想家也提出过类似的说法。老子说："常德不离，复归于婴孩。"耶稣宣称：让小孩到我跟前来，因为天国是他们的。尼采在《查拉图斯特拉如是说》一书中，强调精神有三种变化：一变成为骆驼，二变成为狮子，三变成为婴儿。在这些哲人口中，小孩代表人类原始的纯真心态。不失赤子之心，就是对人性的回归和升华。

孟子曰："可以取，可以无取，取伤①廉；可以与②，可以无与，与伤惠；可以死，可以无死，死伤勇。"（《离娄下》）

【注释】

①伤：损害，亵渎。
②与：施与。

【译文】

孟子说："（有些东西）可以拿，可以不拿，如果拿了，就损害了廉洁之名;(有些东西)可以施与,可以不施与,如果施与了,就损害了惠爱之称;(有些时候)可以死,可以不死,如果选择死,就亵渎了勇敢之誉。"

【品评】

　　人生的抉择,有时不那么容易!取还是不取,这个道德判断相对容易些。施还是不施,就多少与我们的恻隐同情之心有了抵触。在野外见到饥饿待毙的病弱野生动物,我们希望能够救助投喂,但是这与物竞天择适者生存的自然淘汰法则相违背,破坏了生物链的循环,也许得不偿失。相比之下,我们是应该为了忠于伟大的理想慷慨赴死,还是应该为了实现伟大的理想而忍辱求生?在"怕死"的道德指责压力下,"无死"反而是真正需要勇气的艰难生命选择。

　　孟子曰:"君子以仁存①心,以礼存心。仁者爱人,有礼者敬人。爱人者人恒②爱之,敬人者人恒敬之。"(《离娄下》)

【注释】

　　①存:保存。
　　②恒:恒久,总是。

【译文】

　　孟子说:"君子存仁于心,存礼于心。仁德的人爱别人,守礼的人尊敬别人。爱别人的人,别人也总是爱他;尊敬别人的人,别人也总是尊敬他。"

【品读】

个人修养强调反躬自省，人际关系强调仁爱礼让。无论印度的佛教、中国的儒道，还是西方的基督教，伟大的宗教与文化都具有仁爱和礼让的精神。这是放之四海而皆准的。

万章问曰："敢问友①。"孟子曰"不挟②长，不挟贵，不挟兄弟③而友。友也者，友其德也，不可以有挟也。"（《万章下》）

【注释】

①友：交友。
②挟：倚仗。
③兄弟：这里代指家族势力。

【译文】

万章问道："请问怎样交友。"孟子说："交友不倚仗年纪老，不倚仗地位高，不倚仗家族势力大。所谓交友，是同他的品德交朋友，是不可另有所倚仗的。"

【品读】

孔子说："益者三友：友直（性情直），友谅（讲诚信），友多闻（见识广）。"（《论语·季氏》）孟子此处也说，交友应该看重对方的品德，交友时，不能盛气凌人。但许多人的所谓交友，却更多是看重对方有权有势有钱而巴结攀附，这又是裹挟着另一层同样的私心。这能结交到怎样的"朋友"，也就一目了然了。

孟子曰:"虽有天下易生之物也,一日暴①之,十日寒之,未有能生者也。"(《告子上》)

【注释】

①暴(pù):后来写作"曝",晒。

【译文】

即使有天下最容易生长的东西,让它曝晒一天,寒冻十天,那也没有能生长起来的。

【品读】

如俗语所说"三天打鱼,两天晒网",做事贵在坚持,有志者事竟成。这个道理似乎大家都明白。所谓修身之事,也都是细小之事,是"天下易生之物",如尊敬长辈、尊重他人,自省自律……但是难就难在,细微之事需要我们不断践行,修身之道需要我们恒久秉持。

孟子曰:"故天将降大任于斯人也,必先苦其心志,劳其筋骨,饿其体肤,空乏其身,行拂乱①其所为,所以动心忍②性,曾③益其所不能。"(《告子下》)

【注释】

①拂乱:扰乱。
②忍(rèn):通"韧",坚韧。
③曾(zēng):通"增"。

【译文】

孟子说:"所以说,上天打算把重大任务交付给这个人,一定会先使其心志受折磨，使其筋骨受劳累，使其身体受饥饿，使其精疲力竭，使其所作所为都不能如意，这样才能震撼他的心灵，坚韧他的性格，增加他原来所不具备的能力。"

【品读】

有人说，读《孟子》如闻战鼓，令人震撼、催人奋进。此段的激扬励志，古往今来，令多少人心生豪情，度过生命的黑暗。体会这段话，苦难不再只是一个充满悲情的词汇，而更多成为力量之源。所以，孟子在此段之下告诫，无论是个人还是国家，都是"生于忧患而死于安乐"的！

孟子曰："饥者甘食①，渴者甘饮，是未得饮食之正也，饥渴害②之也。岂唯③口腹有饥渴之害？人心亦皆有害。人能无以饥渴之害为心害，则不及人不为忧矣。"（《尽心上》）

【注释】

①甘食：觉得好吃。

②害：影响，损害。

③唯：只是。

【译文】

孟子说："饥饿的人只想着吃东西，口渴的人只想着喝水，他们并没有尝到饮食的正常味道，而是受了饥渴的影响。难道只有嘴巴肚子会受饥渴的影响？人心也都会有这样的影响。如果人能做到不因为饥渴的影响而造成对心灵的影响，那即使生活比不上别人，也不会忧心忡忡。"

【品读】

"人心不足蛇吞象"——看到别人生活状况比自己富足,许多人就会产生焦虑和嫉妒。人心的这种如饥似渴,实在是因为不修身、不思考,只以物质享受为唯一生活目标造成的。人生活在这样惶惶不可终日的饥渴状态下,恐怕是一辈子难有好日子过的。

孟子曰:"有为者辟①若掘井,掘井九轫②而不及泉,犹为弃井也。"(《尽心上》)

【注释】

①辟:后来写作"譬"。

②九轫(rèn):"轫"通"仞",古代长度计量单位。九仞,相当于今天的六七丈。

【译文】

孟子说:"做事好比掘井一样,掘到六七丈深还没有见水,那它仍然只是一口被抛弃的井。"

【品读】

行百里半九十。黎明前的黑暗总是最难熬的。但从另一个方面来说,如果选址不对,下无水源,那无论怎样挖,最终都是要废弃的。所以,干劲和坚持是重要的,但是方向和目的的正确更加重要!

孟子曰:"养心莫善于寡欲①。其为人也寡

欲,虽有不存焉者,寡②矣;其为人也多欲,虽有存焉者,寡矣。"(《尽心下》)

【注释】

①寡欲:减少欲望。

②寡:很少。

【译文】

孟子说:"修养内心,没有比减少欲望更好了。一个人如果欲望很少,那么即使内心的仁善有所缺失,缺失的也是很少;一个人如果欲望太多,那么即使内心的仁善有所留存,留下的也很少。"

【品读】

利令智昏,我们将无所归依。而寡欲、修身的历练,将使我们的内心保存仁、义、善、勇……一切我们所需要滋养和回归的本性。

参考书目

[1] 朱熹. 孟子集注. 济南：齐鲁书社，1992.

[2] 焦循，撰. 孟子正义. 沈文倬，点校. 北京：中华书局，2010.

[3] 杨伯峻. 孟子译注. 北京：中华书局，2010.

[4] 骆承烈. 孟子名言（汉英对照读本）. 济南：齐鲁书社，1991.

[5] 宁镇疆，注译. 孟子. 郑州：中州古籍出版社，2007.

[6] 傅佩荣. 解读孟子. 上海：上海三联书店，2007.

[7] 傅佩荣. 傅佩荣《四书》心得. 上海：上海三联书店，2007.

[8] 傅佩荣. 傅佩荣细说孟子. 上海：上海三联书店，2009.

[9] 张加才. 圣王之道·《孟子》. 北京：中国民主法制出版社，2010.

[10] 钱逊. 孟子读本. 北京：中华书局，2010.

《荀子》贤文

君子曰:学不可以已。青,取之于蓝而青于蓝;冰,水为之,而寒于水。(《劝学》)

【译文】

君子说:学习不可以停止。靛青是从兰草里提炼出来的,但靛青的颜色比兰草深;冰是水变成的,但冰比水更为寒冷。

【品读】

学习是无止境的。俗话说"天才靠百分之一的天赋和百分之九十九的汗水",说的是要不停地去学习、去积累。俗话又说"活到老,学到老",人生的价值和快乐在于终身学习。

长江后浪推前浪。历史在发展,人类在进步,后人应该胜过前人《荀子》在"学不可以已"的后面紧接着说"青,取之于蓝而青于蓝",是勉励我们要有超越前人的勇气,努力学习,自强不息。

故不积跬①步，无以至千里；不积小流，无以成江海。(《劝学》)

【注释】

①跬（kuǐ）：半步。古人称两脚各迈动一次的距离为"步"，称两脚间的距离为"跬"。古代的"步"相当于今天的两步，"跬"相当于今天的一步。

【译文】

不从半步一步积累起，就不能远达千里；不从小溪浅流积累起，就不能汇成江海。

【品读】

学习的过程是积累的过程：必须从一本本书籍读起，才能具有渊博的学识。事业的过程同样是积累的过程：必须一步一个脚印，点点滴滴地积累经验、积累能力，才能达到一定的人生高度。良好品德的具备也还是积累的过程：任何人只要不断努力学习，严于律己，就可以"积礼义而为君子"（《荀子·儒效》），就可以"积善成德，而神明自得，圣心备焉"（《荀子·劝学》）。

故非我而当者，吾师也；是我而当者，吾友也；谄谀我者，吾贼①也。(《修身》)

【注释】

①贼：伤害某人的人。

【译文】

能够正确批评我，是我的老师；如实地赞许我，是我的朋友；无原则地吹捧我，这是伤害我的人。

【品读】

　　人们都喜欢听肯定、赞扬的话。如果一个人能够中肯地肯定我的成绩，使我能有前进的动力，他是我的朋友；但如果一个人过分地赞扬我、吹捧我，使我飘飘然迷失自我而失去前进的方向，那他是伤害我的人。

　　人非圣贤，孰能无过；重要的是自己犯了过错之后能够正确反省自己，不贰过，从而不断进步。而批评我并且批评得正确的人，是使我能够不贰过、使我能够不断进步的人，因此他是我的老师。

　　至于非我而不当者，也不必动怒：有则改之无则加勉，况且很多时候他也是为自己好。

君子贫穷①而志广，富贵而体恭。（《修身》）

【注释】

　　①贫穷：贫，贫穷。穷，陷于困境。

【译文】

　　君子贫穷和陷于困境的时候，能够心怀宽广；富有和处于尊位的时候，能够行为恭谨。

【品读】

　　如何做到"贫穷而志广，富贵而体恭"？荀子本人可以作为我们的榜样。

　　"荀子一生很不得志，到处被歧视，'君上蔽而无睹，贤人距而不受'（《尧问》）。可是他坚持自己的学说，不为物倾侧,直到老废兰陵,仍然著述不息。""他不因为不遇而放弃自己的理想,明白表示'不为贫穷怠乎道'。只要心安,即使身体劳烦的事也干;只要义多,即使对自己利益很少的事也干。"

荀子不仅能做到"贫穷而志广",还能做到"富贵而体恭"。"他为兰陵令虽不算居高位,可也是独当一面的地方官,他奉法循理,勤政爱民,功在当时,名传后世。""荀况真不愧为修身自强的楷模。千载之下,犹令人肃然起敬。"(邓汉卿《荀子绎评》,第54页)

君子行不贵苟①难,说不贵苟察,名不贵苟传,惟其当之为贵。(《不苟》)

【注释】

①苟:偷合,不正当。

【译文】

君子不赞赏不合正道的难做的事,不提倡诡辩的学说,不看重名不符实的虚名,只看重正当的、合乎礼义的行为、学说和名声。

【品读】

现在社会上有些人以结束生命的方式来对待别人的批评,这种行为虽难做到但不合正道,它是不值得赞赏的。有些人能言善辩,但满嘴歪理,也不值得赞赏。还有的人通过虚假宣传来沽名钓誉,这同样不值得赞赏。

故与人善言，暖于布帛；伤人以言，深于矛戟。故薄薄①之地，不得履之，非地不安也，危足②无所履者，凡在言也。(《荣辱》)

【注释】

①薄薄：读为"溥溥"，广阔。

②危足：侧足。

【译文】

用好话去宽慰人家，人家会感到比布帛还温暖；拿恶语去伤害人家，人家会感到比戈戟刺得还痛。土地广阔而不能践踏，并不是地方不安全，其之所以没有插足的地方，是因为言语伤人。

【品读】

一个人有了过失或者处于困境的时候，如果用善意的言语来鼓励他、安慰他，他一定会感到很温暖。而如果是说一些讽刺打击的话，哪怕是出于无心，也会对他的自尊心造成极大的摧毁或伤害，使他感到羞愧、痛苦乃至于不想活在世上。

"人言可畏。"我们要与人为善，因此要"与人善言"而不要"伤人以言"。

故君子度己则以绳，接人则用枻①。(《非相》)

【注释】

①枻(yì)：船舷，借代指舟楫。

【译文】

　　君子用准绳来度量自己，用舟楫来接引别人。

【品读】

　　这句话表达的是"律己严而容物宽"（郝懿行语），它源于《论语·卫灵公》"躬自厚而薄责于人"，后世用"严于律己，宽以待人"来表述。"严于律己，宽以待人"可以说是促进个人成功的必备法宝，是构建社会和谐的金玉良言。

　　故曰：贵名不可以比周①争也，不可以夸诞有也，不可以势重胁也，必将诚此然后就也。争之则失，让之则至，遵道②则积，夸诞则虚。故君子务修其内而让之于外，务积德于身而处之以遵道。（《儒效》）

【注释】

　　①比周：结党营私。
　　②遵道：当作"遵循"，借为"逡巡"，指谦恭退让。

【译文】

　　好名声不是靠拉帮结派争得的，不是靠自我吹嘘招致的，也不是权势地位能威胁来的，一定要真正修养到家然后才能得到。争夺名誉就会丧失名誉，推让名誉反而得到名誉；谦恭退让便能积德，自我吹嘘则内心空虚。所以，君子致力于内心的修养而不向外追求，致力于自身的积蓄德行而处之谦逊退让。

【品读】

　　好名声"争之则失,让之则至",这里面的道理简单地概括就是:有好德行才有好名声,而有好德行的人是不会去争好名声的。

　　积微,月不胜日,时不胜月,岁不胜时。凡人好敖①慢小事,大事至,然后兴之务之。如是,则常不胜夫敦比②于小事者矣。是何也?则小事之至也数③,其县④日也博,其为积也大;大事之至也希,其县日也浅,其为积也小。(《强国》)

【注释】

　　①敖:后来写作"傲"。
　　②敦(dūn)比:办理。
　　③数(shuò):屡次,频繁。
　　④县(xuán):后来写作"悬",系结。

【译文】

　　对细小成绩的积累,每个月的积累不如每天积累,每个季度积累不如每个月积累,每年积累不如每个季度积累。一般人总习惯于忽视小事,等到大事当前才着手去做。像这样,就常常不如那些做小事的人了。这是为什么呢?因为小事来得频繁,它涉及的时间多,于是它积累的成绩大;大事来得稀少,它涉及的时间少,因此,它积累起来的成绩也就小。

【品读】

凡事从小事做起，而且乐于做小事；凡事从细节做起，而且注重细节。

大巧在所不为，大智在所不虑。(《天论》)

【译文】

最能干的表现在于不去做那不应该做的事情，最聪明的表现在于不去考虑那不应该考虑的事情。

【品读】

从做事来说：筛选众事，理顺次序，想想哪些是不必做的，哪些是不必想的，可以集中精力做自己应该做和应该想的事，从而提高办事效率。

从做人来说：不做不应该做的事，不想不应该考虑的事，是涵养发现自己和相信别人这两种德行的重要功课。

为之无益于成也，求之无益于得也，忧戚之无益于几①也，则广②焉能弃之矣，不以自妨也。(《解蔽》)

【注释】

①几(jī)：通"冀"，希望。
②广(kuàng)：通"旷"，豁然。

【译文】

做了之后发现无补于事情的成功，探求了发现不能获得实际效果,操心之后发现实现不了愿望,那就应该果断地放弃,不让它来妨碍自己。

【品读】

学会放弃,是当今年轻人提升自我、迈向成功的要诀之一。如何学会放弃?先贤荀子为我们提供了有益的启示。

明礼义以化之,起法正①以治之,重刑罚以禁之,使天下皆出于治,合于善也。(《性恶》)

【注释】

①法正:《荀子》一书的"法",大多指礼法,常与"礼"字相通。法正,指使人品行端正的法则,它属于道德范畴。

【译文】

彰明礼义来教化人民,制定正身的法则来管理人民,注重刑罚来禁止犯罪。使天下能够有效治理,民心都趋于向善。

【品读】

中华民族创造了独树一帜的灿烂文化,积累了丰富的治国理政经验,为推进国家治理体系和治理能力现代化提供了有益的借鉴。这些灿烂文化,包括礼法合治,德主刑辅。《荀子》以上的这段话,阐述的正是礼法合治,德主刑辅。

《荀子》所说的"明礼义以化之,起法正以治之",是继承孔子"道之以德,齐之以礼"思想而来的,作为道德教化的两个方面,它们密不可分。礼义是法正的基础、灵魂,法正是礼义的体现、落实。为了维护社会稳定，有效地治理国家，德与刑两者要有轻有重。孔子以及孟子主张德主刑辅，荀子也一样，不过在具体的内容上稍有不同。在善德的形成上，除了内部的心性修养，荀子还尤为重视外部的制约与促进。所以，他创造了"法正"一词，主张要有正身的法则，类似于当今的道德公约等等。

我们今天谈修身，既要注重善德的内修，同时也要注重通过遵守道德公约、文明广告等来促进内修的完善。

迷者不问路，溺者不问遂①，亡人好独。《诗》曰："我言维服②，勿用为笑。先民有言，询于刍荛③。"言善问也。（《大略》）

【注释】

①遂：径隧，即水中可涉的路。

②服：事。

③刍荛（chú ráo）：割草叫刍，打柴叫荛。刍荛泛指草野之人。

【译文】

迷路的人是因为不问路，溺水的人是因为渡河时不问什么地方可以涉水，君主亡国是因为独断专行。《诗经》说："我说的是至关重要的事，你不要见笑。古人曾说，要请教草野之人。"这是说要广泛地询问别人。

【品读】

遇到自己无法处理的难事，最需要的就是多问别人，尤其是有经验的人。虚心地听取别人的建议，选取自己能够接受的方法进行处理，这样难事才能较好地解决。

善学者尽其理，善行者究其难。(《大略》)

【译文】

善于学习的人透彻地认识事物的道理，善于实践的人能把事物的疑难问题探究清楚。

【品读】

明朝王守仁说"知是行之始，行是知之成"，以上《荀子》的两句话，很好地诠释了这种知行关系。

不自嗛①其行者，言滥过。(《大略》)

【注释】

①嗛（qiàn）：通"歉"，不足，这里表示"以……为不足"。

【译文】

不自我意识到自己德行不足的人，说话往往过于浮夸。

【品读】

浮夸是与实事求是背道而驰的行为，是不敢正视自己、不敢面对现实、不敢通过正道自强奋斗的表现。

人世间，正道最终会战胜邪道，实在最终会战胜浮夸。浮夸也许会给人带来一时的得意，却也会给人带来长久的后悔。

无用吾之所短遇人之所长,故塞而避所短,移而从所仕①。(《大略》)

【注释】

①仕:当为"任"字之误。《荀子》书中,"任"字常表示"能"的意思。

【译文】

不要用自己的短处去对付别人的长处,所以要抑制和回避自己的短处,迁就并发挥自己的特长。

【品读】

尺有所短,寸有所长。一个人要善于利用自己的优点和长处,扬长避短,这样才能更好地发展自我,实现人生价值。"扬长避短"适用于方方面面:办企业是这样,办学校也是这样;为文是这样,为人也是这样。

入孝出弟①,人之小行②也。上顺下笃,人之中行也。从道不从君,从义不从父,人之大行也。(《子道》)

【注释】

①弟:后来写作"悌"。
②行:《荀子》中的"行"指好的品行。

【译文】

在家孝敬父母,出外敬爱兄长,这是一个人的小德。对上顺从,对下宽厚,这是一个人的中德。遵从正道而不盲从君主,遵从道义而不盲从父亲,这是人的大德。

【品读】

子女应该尊敬、孝顺父母,但是不能盲目地、无原则地附和与顺从父母;否则,可能会因而走向愚孝。那么,什么情况下不应该服从?《荀子》下文做了回答。孝子不服从父命的原因有三种:服从则父母危险,不服从则父母安全,那么孝子不服从就是忠诚;服从则父母受耻辱,不服从则父母受尊敬,那么孝子不服从是奉行道义;服从则行如禽兽,不服从则富有修养,那么孝子不服从就是礼敬。荀子所总结的这三点大体是正确的。媒体曾采访过一名年轻的死刑犯。他被判死刑的原因是没有原则不讲道义地盲从母亲。他的母亲认为村里的水井藏有妖怪,祸害她以及家人,让儿子投毒到水井中,结果这个儿子居然真的去投毒,害死了村里的几个人。这便是要"从义不从父(母)"的一个活生生的教案。

诚然,面对生我养我的父母,"不从"还需在表达态度上做到恰当。既不盲从附和,又有理性指导,同时还注意劝喻的方式方法得当。这样,才能使亲子关系和谐圆满。

参考书目

[1] 梁启雄. 荀子简释. 上海：上海三联书店，1983.
[2] 王先谦. 荀子集解. 北京：中华书局，1988.
[3] 邓汉卿. 荀子绎评. 长沙：岳麓书社，1994.
[4] 王天海. 荀子校释. 上海：上海古籍出版社，2005.

《老子》贤文

生而不有①，为而不恃②，功成而弗居③。夫唯弗居，是以不去。（第二章）

【注释】

①有：据为己有。

②恃：凭借，依赖。这里指倚仗对别人有恩惠而寻求利己。

③居：居功。

【译文】

生养万物而不据为己有，作育万物而不自恃己能，功业成就而不自我夸耀。正因不居功，所以其功绩不会泯灭。

【品读】

圣人具有创造的能力，却不会生出占有的冲动。"生""为""功成"，正是去创建、去工作、去贡献自己的力量，去成就大众的事业。但"生"和"为"都是顺应自然去发挥人类的努力。同时，努力所得来的成果，不应当据为己有。"不有""不恃""弗居"，即是要消解一己的占有冲动。人类社会争端的根源，就在于人人扩张一己的占有欲，因而

修身贤文

老子极力阐扬"有而不居"的精神。

上善①若水。水善利万物而不争,处众人之所恶②,故几③于道。居,善地;心,善渊④;与⑤,善仁;言,善信;政,善治;事,善能;动,善时。夫惟不争,故无尤⑥。(第八章)

【注释】

①上善:至善。

②恶(wù):厌恶。

③几(jī):接近。

④渊:形容沉静。

⑤与:指与别人相交相接。

⑥尤:怨咎,灾祸。

【译文】

至善之人好像水一样。水善于滋润万物,却不与万物相争,停留在大家所厌恶的地方,所以最接近于道。居处善于选择地方,心胸善于保持沉静,待人善于真诚相爱,说话善于遵守信用,为政善于精简处理,处事善于发挥能力,行动善于掌握时机。因为有不争的美德,所以没有怨咎。

【品读】

这是一段水的赞歌,而以水之德性劝喻人之德行。《老子》中反复阐述"利而不害""不争""居下"的美德,赞叹"天下莫柔弱于水""弱者道之用也"。

金玉满堂，莫之能守①；富贵而骄，自遗其咎。功成身退，天之道②。（第九章）

【注释】

①莫之能守：即"莫能守之"。之，代指金玉。
②天之道：自然的规律。

【译文】

金玉满堂，也无法守住；因富贵而骄横，就自留祸根。做事成功，就要退敛隐藏。这是自然规律。

【品读】

人要明白两点：第一，天下没有不散的筵席，"花无百日红，人无千日好"的变化之道。第二，长江后浪推前浪，江山代有才人出。"功成身退"，虚位让贤，是处世修身的久长之道。不能贪多务得，而要适可而止。孔子说，君子有三戒，将老之时，"戒之在得"。与此旨趣相近。

五色①令人目盲②，五音令人耳聋，五味令人口爽③，驰骋④畋猎⑤令人心发狂，难得之货令人行妨⑥。（第十二章）

【注释】

①五色：泛指各种颜色。以下"五音""五味"也是泛指各种声音、味道。
②目盲：喻眼花缭乱。
③口爽：指味觉混乱。爽：差错，错失。

④驰骋：纵横奔走，喻纵情。

⑤畋（tián）猎：打猎。

⑥行妨：伤害操行。妨：害，伤。

【译文】

缤纷的色彩，使人眼花缭乱；嘈杂的音调，使人听觉失灵；丰盛的食物，使人舌不知味；纵情狩猎，使人心情放荡发狂；稀有的物品，使人行为不轨。

【品读】

人的欲望，都是寻求官能的刺激，心浮气躁，淫逸放荡。老子指出，正常的生活应是为"腹"而不为"目"。为"腹"，即求建立内在宁静恬淡的生活；为"目"，即追逐外在贪欲的生活。但求安饱，不求纵情于声色之娱。越是依赖外在感官的刺激，则越使自己疏离自我，心灵日益空虚。今日的都市文明生活，芸芸众生多是在打商品战、金融战、信息战……我们的生活现状与自然生态的本质，相去有多远？令人反思。

不自见①，故明②；不自是③，故彰；不自伐④，故有功；不自矜⑤，故长。（第二十二章）

【注释】

①自见：自现，自显于众。

②明：彰明。

③自是：自我肯定。

④自伐：自夸功劳。

⑤矜：骄傲。

【译文】

不自我表现，故能显明形象；不自我肯定，故能昭彰思想；不自我夸耀，故能产生功效；不骄矜傲物，故能维持久长。

【品读】

自视过高，就目中无人；容不得他人的意见，就成孤家寡人；自吹自擂，令人生厌；目空一切，使人反感。因此，不贪功，不自吹，不独断，以谦虚和低调为人处世，才能修其身、成其事。《论语》说孔子"毋意（不臆测）、毋必（不武断）、毋固（不固执）、毋我（不唯我独尊）"，其意相同。

知人者智，自知者明；胜人者有力，自胜者强。（第三十三章）

【译文】

了解别人的（人），多智善识；了解自己的（人），明哲通达。战胜别人的（人），孔武有力；战胜自己的（人），内心强大。

【品读】

常言道，"人贵有自知之明"，典出于此。一个能"自知""自胜"的人，要能省视自己，坚定自己，克制自己，并且矢志力行，这样才能进一步开展精神生命与思想生命。智，是对事物的理解和认识；明，是对本质觉悟的追求意识。我们常将"有知识"等同于"有文化",但是实际上,许多学富五车的专家学者,未必对自己有自知之明;而乡村中的老农花匠,可能并不知道什么是互联网,却有着明确的生活态度。

大丈夫处其厚,不居其薄①;处其实,不居其华②。(第三十八章)

【注释】

①薄:虚浮浅薄。

②华:指华而不实,虚华,浮华。

【译文】

有大智慧者,愿自处于质朴醇厚之地,而不居于虚浮浅薄之位;愿践行脚踏实地的行动,而不做华丽不实之事。

【品读】

社会生活越多繁文缛节、虚情假意,人际关系就越加虚华浅薄,自主自省的精神就越缺失。所以,老子对生活的最基本要求是摒弃"薄"和"华",恢复"厚"和"实"。

大方无隅①,大器晚成,大音希声②,大象无形,道隐无名。(第四十一章)

【注释】

①隅(yú):边角。

②希声：无声。《老子·第十四章》："听之不闻名曰希。"宏大的声音并不频密急促，间隔很长，所以短时间内仿佛无声。

【译文】

庞大的物体看不出边角，贵重之器总是要长时间才能制成，宏大的乐音短时间内听不到，雄伟的形象看不出造型，大道总是隐匿不见、籍籍无名。

【品读】

人在天地之间十分渺小，一生时间短暂，凭借自身能看到、听到、感受到、体验到的也很有限。而大道幽隐，不易察觉，正如"大音希声""大象无形"一样。如果我们不沉下心来，修身养性，就永远只见到眼前之物，只会孜孜以求蝇头小利。

甚爱①必大费②，多藏必厚亡③。知足不辱，知止不殆④。（第四十四章）

【注释】

①爱：珍惜。
②费：耗费。
③亡：损失。
④殆：危险。

【译文】

珍惜过分，必然耗费巨大；敛财过多，最终损失惨重；知道满足，就不会总觉得委屈；知道适可而止，就不会遇到危险。

【品读】

　　人们总是喜欢贪多务得，永不满足，无休止地追求得到更好更多的东西；而对于由此产生的最终后果，人们很少去思考，很少对自己的生活做出长远的规划和正确的要求。

　　大成①若缺，其用不弊；大盈若冲②，其用不穷。大直若屈，大巧若拙，大辩若讷③。（第四十五章）

【注释】

　　①大成：最完善圆满的东西。
　　②冲：虚，空。
　　③讷：不善言谈。

【译文】

　　最完善的东西似乎总有欠缺，然而用起来不会磨损。最充盈的器物看起来空空如也，但是用起来不会穷尽。最直的东西看似弯曲，最灵巧的东西看似笨拙，最卓越的辩才看似不善言辞。

【品读】

　　人们习惯以自己的眼光和标准评判事物的好坏、成败、曲直、巧拙。然而这与"大成""大盈"等真正的"大"标准相差有多远呢！"若缺""若冲""若屈""若拙""若讷"，都是在说明一个完美的人格，并不在我们所见的外观，而为内在的力量。

祸莫大于不知足，咎①莫大于欲得。(第四十六章)

【注释】

①咎：过失，罪过。

【译文】

最大的祸患莫过于不知足，最大的罪过莫过于贪得无厌。

【品读】

人生的"祸""咎"，是源于对金玉、财货、声色、衣食、世俗名利和以兵逞强的"不知足"。要避免"祸""咎"，则要致力于向善、求大道的追求，并且永不知足地践行。知物欲享乐之有限，方知大道之无穷。

为学①日益②，为道③日损④。损之又损，以至于无为⑤。无为而无不为。(第四十八章)

【注释】

①为学：求知识。

②益：增多。

③为道：求大道。

④损：减少。

⑤无为：无所作为。

【译文】

求知识，让你知道的一天比一天增加、丰富；求大道，让你追求的一天比一天简化、减少。越简越少，直到无须作为。如能无须作为，那也就无事不为。

【品读】

"为学"是求外在的经验知识，经验知识愈累积愈增多。"为道"是摒除偏执妄见，开阔心胸视野，把握生活事物的本根，提升人的精神境界。求道的目标简单明了，就无须太多作为了。"无为"的先决条件是必须减损欲望，直到无欲的程度。正如清代学者魏源说："无为之道，必自无欲始也。"不断减少蠢蠢欲动的贪得之念，才能逐渐顺应自然与天道。

善者吾善之，不善者吾亦善之，德①善。信②者吾信之，不信者吾亦信之，德信。（第四十九章）

【注释】

①德：通"得"。
②信：诚实的。

【译文】

良善的人，以良善待他；不良善的人，也以良善待他，从而结出良善之果。诚实的人，以诚实待他；不诚实的人，也以诚实待他，从而结出互信之果。

【品读】

对善良的人要善良，这是"以德报德"，在这一方面老子与孔子的主张是一致的。对不善良的人也要善良，这是"以德报怨"，它与孔子主张的"以直报怨"有所不同。孔子主张

"以直报怨"是可取的,老子主张"以德报怨"也具有积极意义,关键要看是怎样的情境。对我不善良的人,错误地反对我的人,我以德报之,可以感化他们,让他们学会善良,学会正确地看问题,促进彼此互谅、互助、互善、互信。

为无为,事无事,味无味。图难于其易,为大于其细;天下难事,必作于易,天下大事,必作于细。是以圣人终不为大,故能成其大。夫轻诺必寡信,多易必多难。是以圣人犹难之,故终无难矣。(第六十三章)

【译文】

把清静无为当成作为,以平安无事作为事情,把恬淡无味当作味道。在难事的容易之处着力,在大事的细微之处着手。天下难事,必从容易处着力;天下大事,必从细微处着手。所以,圣人自始至终并不做所谓大事,故而能成就其伟大。轻飘飘的承诺,必然缺乏诚信;以为是容易的事,必然困难重重。所以,圣人总把事情作为难事来做,因此终无难成之事。

【品读】

少说多做的人,往往被耻笑;从小事做起的想法,往往被看作胸无大志。但是我们真的知道什么是"大事"吗?或许,如何修身养德,如何祛除贪欲和控制私念,如何与天地同呼吸、与万物共享自然,才是人类真正的头等大事!

慎终如始，则无败事。是以圣人欲不欲，不贵难得之货；学不学①，复②众人之所过③。（第六十四章）

【注释】

①学不学：学习人们所不学的，这里指学习人们未能学习的大道。

②复：反，扭转，引申为纠正。

③过：过错。

【译文】

在事情即将终结时，也如刚开始时那样谨慎，就不会失败。所以，圣人追求一般人所不追求的，不以难得的财富为贵；学习一般人所不愿学的，不犯一般人的过错。

【品读】

一个人能否善始善终，不是靠才干，而是靠意志。圣人之所以成功，就是凭借着意志坚定，善始善终。

欲上民①，必以言下之；欲先民②，必以身后之。是以圣人处上而民不重③，处前而民不害④。（第六十六章）

【注释】

①上民：指把自己摆在人民之上，即统治人民。

②先民：指站在人民的面前，即领导人民。

③重：负累、负担。

④害：妨害、受害。

【译文】

要领导民众，必须把自己放在民众之下；要领导民众，必须把自己的利益放在他们之后。所以，圣人虽然地位居于民众之上，而民众并不感到负担沉重；居于民众之前，而民众并不感到有危害。

【品读】

圣人，也就是为道者，不认为自己高高在上，那么，自然一言一语皆谦虚。为道者须有这种精神，才能修道于家、于乡、于邦，乃至德行普天下。这就是为道者的模范作用。无所争夺于天下，天下人与他也没有什么可争的。果真能如此，也确是至善而大顺了。

我有三宝，持而保之：一曰慈①，二曰俭②，三曰不敢为天下先。慈故能勇，俭故能广，不敢为天下先，故能成器长③。（第六十七章）

【注释】

①慈：仁慈之心。

②俭：俭朴之道。

③长（zhǎng）：灵长，领袖。

【译文】

我有三件宝贝，秉持而守护着：第一种叫作柔慈，第二种叫作俭朴，第三种叫作不敢居于天下人的前面。柔慈故能勇猛刚毅，俭朴故能心胸宽广大方，不敢居于别人之前，故而能成万物的领袖。

【品读】

"慈"——爱心加上同情感，这是人类友好相处的基本动力；"俭"——不肆为，不奢靡，俭朴率真；"不敢为天下先"——即是"谦让""不争"。其重点在于说"慈"。老子深感人与人之间缺乏慈爱同情之心，故极力阐扬。

善为士①者不武②，善战者不怒，善胜敌者不与③，善用人者为之下。是谓不争之德，是谓用人之力。（第六十八章）

【注释】

①士：指有识之士，与喜用暴力的武夫相对。
②武：诉诸武力。
③不与：这里指近身搏击，短兵相接。

【译文】

有识之士，不诉诸武力；善战者，不表露怒意；善于胜敌者，无须与敌人短兵相接；善用人者，总是把自己置于他人之下。这就是不和他人相争之德，这就是善于利用别人力量。

【品读】

《孙子兵法》说："不战而屈人之兵，善之善者也。"诉诸武力，是下策。能做到"不武"，那是需要有相当见识的人。"怒"，就是情绪失控。一旦"怒"上心头，就会失去冷静，也就不能客观地分析研究敌我双方的优与劣，而以主观臆断和愤怒的情绪代替客观实际。这将带来极严重的后果。军事上如此，人生亦然。遇事不急不躁，不冲动，平心静气地认真思考，细心分辨客观现象，方可找到问题的症结，寻求到正确的解决方法。

信①言不美，美言不信。善者不辩②，辩者不善。知者不博，博者不知。圣人不积，既以为人己愈有，既以与人己愈多。天之道，利而不害。圣人之道，为而不争。（第八十一章）

【注释】

①信：真实。
②辩：此指花言巧语。

【译文】

真话不漂亮，漂亮话不真实。善良者不花言巧语，花言巧语者不善良。知晓大道者不必博闻强记，博闻强记者未必知晓大道。圣人并不自己积累什么——为别人做了事，自己更为充实；尽力给予别人，自己更加丰富。大自然的规律是，让万事万物都得到好处，而不伤害它们。圣人的准则是，做什么事都不跟别人争夺。

【品读】

信与美、善与辩、知与博，看似相关相近，但老子却指出其中的相别相反。某些事物的表面现象和其实质往往并不一致。这其中含有的辩证思想，可资观察评判人们的行为。按照"信言""善行""真知"来修身，做到真、善、美在自身和谐，重归于"朴"，回到没有伪诈、智巧、争斗等世俗欲望的本性。

参考书目

[1] 王弼注，楼宇烈，校释. 老子道德经校释. 北京：中华书局，2008.

[2] 朱谦之. 老子校释. 北京：中华书局，1984.

[3] 高明. 帛书老子校注. 北京：中华书局，1996.

[4] 陈鼓应. 老子今注今译. 北京：商务印书馆，2003.

[5] 陈鼓应. 老子注释及评介. 北京：中华书局，2009.

[6] 张松如. 老子校读. 长春：吉林人民出版社，1981.

[7] 罗尚贤. 老子通解. 广州：广东高等教育出版社，1996.

[8] 刘康德. 老子直解. 上海：复旦大学出版社，1997.

[9] 王垶. 老子新编校注. 沈阳：辽宁人民出版社，2000.

[10] 张松辉. 老子译注与解析. 长沙：岳麓书社，2008.

《韩非子》贤文

智术之士,必远见而明察,不明察不能烛①私;能法之士,必强毅而劲直,不劲直不能矫奸。(《孤愤》)

【注释】

①烛:照亮,发现。

【译文】

通晓策略的人,必须有远见卓识,又能明察秋毫;不明察秋毫,就不能发现私情。推行法治的人,必须坚决果断并刚劲正直;不刚劲正直,就不能矫正奸邪。

【品读】

一个人要有所作为,必须能高瞻远瞩、看到全局,同时也要深入细节、发现隐患。要知道千里之堤毁于蚁穴的道理。而发现了问题,就要雷厉风行,坚定不移地解决。碍于情面,犹豫不决,问题就会日积月累,不可收拾。

凡德者,以无为集①,以无欲成,以不思安,以不用固②。(《解老》)

【注释】

①集:集聚,积累。
②固:稳固。

【译文】

凡是能达到德的境界,都是靠不胡乱作为而积累,以无欲无求而成事,以不胡思乱想而得安宁,以不过度耗用而得稳固。

【品读】

这是韩非子从老子清静无为的智慧中得到的启示。这段话告诉我们,要达到修德的境界,需要在宁静、无欲无求的状态下成事。欲望强烈,心气浮躁,难有成就。一个人只有在恬静和淡定的心绪下,才能思路清晰,取舍得当。在无欲静思的状态中,才能进入更高层次的精神追求。先秦法家追求凌厉直接,而其本则与深邃精奥的道家一脉相承。韩非子在《解老》《喻老》二篇中,阐释发挥了《老子》的思想。

故视强①,则目不明;听甚,则耳不聪;思虑过度,则智识乱。(《解老》)

【注释】

①强(qiǎng):勉强之强。视强,指过度用眼。

【译文】

眼睛盯着看,反而看不清晰;耳朵竖着听,反而听不真切；思前想后太多虑，反而判断混乱。

【品读】

　　人不应胡思乱想，自以为是。顺应天道，不急不躁，才能不费神耗力，耳聪目明。从历史上来说，不少亡国之君就是例证。比如殷纣王，亡国并不是因为他笨。史称纣王"资辨捷疾"，聪明又有才干。但他虽精明强干却自以为是，结果贤者皆去，终致亡国。明崇祯皇帝也是这样的人。史书上说他"察察为明"，宰相就换了好多位。结果清兵入关，崇祯帝自缢煤山。临死前还愤愤不已，觉得自己又不昏庸，又十分精勤国事，何以国家竟然亡了？所以怨恨臣僚耽误了他，说："朕非亡国之君，而诸君皆亡国之臣也！"后来论史者则说：就凭崇祯讲的这句话，即可知他果然是亡国之君了。君王临御，重点是掌握大政方向，顺天应人施政。如果事必躬亲，东一榔头西一棒，自己累死之日，也是国家将亡之时。所以，老子警告说："治大国，若烹小鲜！"——不要过分折腾，是治国的方略。

　　恬淡有趋舍①之义，平安知祸福之计。(《解老》)

【注释】

　　①趋舍：取舍。

【译文】

　　恬静淡泊，才能把握趋吉避凶的原则；平稳安闲，才能知晓逢凶化吉的计策。

【品读】

　　人们常说"平安是福",那是指和平安定的生活环境。此处的"平安"则是另一个含义——平静安宁的心境。人有清心寡欲、平和安宁的心态,才能对祸福进行判断,知晓祸福所从何来,也就有了进退取舍的准则。

志之难也,不在胜人,在自胜也。故曰:自胜之谓强。(《解老》)

【译文】

　　立志的困难,不在于胜过别人,而在于战胜自己。所以说:"能够战胜自我,就叫作强。"

【品读】

　　人们常常把眼光放在别人身上,想着怎样超过别人。但超越自我,才是最难的。最强大的阻力,常常不是你的对手,而是你自己。要超越自己,先须荡涤自己身上的污浊,让自己变得高尚起来。司马迁在《史记·商君列传》中说:"反听之谓聪,内视之谓明,自胜之谓强。"说明了人对自我的三个层次的认识:能够听取别人的不同意见;能在内心进行反省考虑;听到不同的意见,能自我反省,然后战胜自我。只有听进别人的意见,才能自省内视;只有自省内视,才能发现自己的短处,战胜自我。故能否听进不同意见,实为能否成为强者的根本。

利莫长于简,福莫久于安。(《大体》)

【译文】

最大的利益莫过于简朴,最大的福泽莫过于安稳。

【品读】

现代对儿童的测试证明,能够为了较为长远的利益目标而克制自己欲望的孩子,在将来的学习、生活中,更加具有成功的潜质。这是很久以来的先贤都意识到的问题。追逐眼前唾手可得的利益,是动物的本能。如果能够超越这一点,体悟俗话所说的"笑到最后,笑得最好",以简单、平静、看似无利无享受的生活态度,就能够最终感受到持久的幸福。

小信①成则大信立,故明主积于信。赏罚不信,则禁令不行。(《外储说左上》)

【注释】

①信:讲信用。

【译文】

讲小信用,大信用也就会逐渐确立起来,所以英明的君主是在不断地积累信用中产生的。奖赏与处罚不讲信用的话,那么法规禁令就无法推行。

【品读】

作为先秦法家的代表,韩非子十分强调信用。因为执法者是否讲究诚信,言必信行必果,关乎法规禁令能否真正顺利推行。这种以小信立大信的做法,似乎也是先秦法家喜欢尝试的行政号召。商鞅开始辅佐秦孝公变法的时候,为了显示改革的诚意,特地派人在城中竖立一木,并告知:"谁人能将之搬到城门,便赏赐十金。"秦民没人相信。后赏金加至五十金,终于有人扛起木头搬到城门,果然获赏五十金。从此商鞅开展变法,史称"徙木立信"。后人用来比喻言出必行。至于小信不成大信不立的例子,莫过于我们耳熟能详的《狼来了》的儿童故事了。

故人行事施予,以利之为心,则越人①易和;以害之为心,则父子离且怨。(《外储说左上》)

【注释】

①越人:越国的人,代指地域遥远或关系疏远的人。

【译文】

做事情或给人东西的时候,如果心里总想着有利于对方,那么关系疏远的人也容易友好相处;如果心里总想着害对方,那么父子之间也会疏离,且互相怨恨。

【品读】

人们的交往范围有大有小,人际关系有亲有疏。但是无论何时何地,都需要秉持与人方便、与人为善的仁恕宽爱之心。"己欲立而立人,己欲达而达人。"这样才能"走遍天下都不怕"。

参考书目

[1] 王先慎. 韩非子集解. 北京：中华书局, 1998.

[2] 陈奇猷. 韩非子新校注. 上海：上海古籍出版社, 2000.

[3] 陈秉才, 译注. 韩非子. 北京：中华书局, 2007.

[4] 张觉, 等. 韩非子译注. 上海：上海古籍出版社, 2007.

[5] 梁启雄. 韩子浅释. 北京：中华书局, 2009.

[6] 《韩非子》校注组. 韩非子校注, 南京：凤凰出版社, 2009.

[7] 高华平, 王齐洲, 张三夕, 译注. 韩非子. 北京：中华书局, 2010.

[8] 宋洪兵, 孙家洲. 韩非子解读. 北京：中国人民大学出版社, 2010.

[9] 张松辉, 张景. 韩非子译注. 上海：上海三联书店, 2014.